Luis Alberto de Cuenca • Jesús Cotta • Demetrio Fernández Muñoz
Mario Pérez Antolín • José Luis Trullo • Alfonso Lombana Sánchez
José María Jurado • Francisco Martínez Cuadrado
Antonio Barnés • José Luis Morante • Ignacio Gómez de Liaño
Javier Recas • Carlos Rodríguez Estacio • Javier García Gibert
Gabriel Insausti • Juan Gil

EL BANQUETE DE
LOS HUMANISTAS

Un brindis por los clásicos

ʜᴜᴍᴀɴɪꜱᴛᴀꜱ

1ª ed., septiembre de 2025

Una iniciativa de Humanistas
www.humanistas.eu

Edita: Cypress Cultura
www.cypress.com.es

Imagen de portada:
Detalle de "El banquete de Platón" (1869), de Anselm Feuerbach
Staatliche Kunsthalle Karlsruhe

Thema: DNT
IBIC: DQ

ISBN: 979-13-875041-1-3
Depósito legal: SE 1268-2025

ÍNDICE

APOLOGÍA DE LOS CLÁSICOS
Luis Alberto de Cuenca

Nos identificamos con los clásicos.
Siempre tendemos a reconocernos
en lo mejor de aquello que se encuentra
más allá de nosotros, en el reino
de los modelos y de los arquetipos,
aunque lo mejor sea lo terrible
y albergue nombres como Yago, Rávana,
Bósola, Hagen, Alí Kan o Svimtus
(pero sin renunciar a Otelo, Rama,
la Duquesa de Malfi, Sigurd-Siegfried,
el Guerrero con máscara o Roberto).
¡Nos divertimos tanto con los clásicos!
Su tiempo no es el de la muerte. Viven
en el Tiempo sin tiempo de los mitos
nuestros queridos clásicos, un
Tiempo que ilumina la cárcel de la vida
y regala modelos exclusivos
para enseñar, felices, a la gente
que nos rodea –padres, hijos, nietos–,
burlando así la angustia cotidiana
y saciando la sed de maravillas
que nos caracteriza como humanos.
Los clásicos ayudan a vivir,
y a morir, y a olvidar nuestras miserias,
y a no perdernos por el laberinto
sin Teseo ni Ariadna que es el mundo.

CUATRO POEMAS HELÉNICOS
Jesús Cotta

ULISES

Esta noche de invierno y de sosiego,
Telémaco, recuerdo la nobleza
de Alcínoo, aquel rey que oyó mi ruego
y sin saber quién era, con alteza

me acogió. Ya en la mesa, un bardo ciego
—Demódoco es su nombre— con destreza
cantó mi historia. Y yo sentí tal fuego
que cubrí con un velo mi cabeza.

Nadie veía en mí más que un extraño
y tan sólo aquel ciego me veía
con cantos que llegaron un buen día

antes que yo a mi patria. ¡Cuánto daño
para los náufragos que desesperan
si los aedos ciegos no existieran!

ANAXIMANDRO DE MILETO

No hay más sentido que este sinsentido:
ciega necesidad del universo
empeñado en no ser más que universo.
No somos en el ser sino un descuido.

Todo tiende a evitar este reverso
de indiferencia universal y olvido
y en pago vuelve todo a ser sumido
en la indefinición de un todo adverso.

Solo tú, vida, efímera porfía
contra la inmensidad yerta y vacía,
te alzas propia y feroz contra lo inerte.

No hay más remedio, oh párvula osadía,
que aceptar ser mortal para tenerte
y escapar de la muerte con la muerte.

PITÁGORAS DE SAMOS

Todo lo que era igual lo hace diverso
el número en un orden definido.
La música sin número es ruido,
la palabra con número es un verso.

Luchando contra el caos turbio y perverso
la proporción imprime su sentido
que capta nuestro espíritu encendido
para hacer comprensible lo disperso.

Mientras el mundo alrededor retumba,
se afana nuestro cuerpo en recluir
al alma que lo aparta del placer,

porque ella es Dios y el cuerpo es una tumba.
La vida no es un bien, sino un morir.
La muerte no es un mal, sino un nacer.

PROTÁGORAS DE ABDERA

Si la verdad no existe, todo es cierto
siempre que esté cortado a la medida
del hombre. De esta ciencia revestida,
la nave del Estado irá a buen puerto.

Creer que todo es falso es tan incierto
como creer que hay solo una medida.
Sabio es, pues, en verdad tan dividida
respetar la que os dieron los que han muerto.

Que en esta muchedumbre de opiniones
lo antiguo y propio es óptimo asidero,
lo único que puede más que Crono.

Y sepa quien defienda sus razones
que lo más cierto es siempre lo certero.
Comparta la verdad al fin su trono.

CINCO POEMAS
Demetrio Fernández Muñoz

EXEQUIAS A EUROPA

Se te acaba la vida…
y podrías de nuevo ser un fénix,
pero no creo. Siento que te apagas,
que tu esquela no prende, que te vas.

Ya te conocí enferma,
delirando cantabas ir a lomos
de un toro blanco, ser
su virgen, sacrificio y corazón,
su rapto involuntario.

Tranquila. Claro que eres una vaca.
¡Ay! Vieja vaca,
    vaca loca.

Lo siento de verdad.

Ni muges ni das leche.

Solo miras, hipócrita, crecer
la deuda de tus pastos.
Te pudo la codicia de otros mitos
o

quizás el tuyo propio:
olvidarte de todos tus pasados.

Ahora no te intentes ordeñar.
Es ridículo.
No rumies tampoco.

Colócate el cencerro.
Sonríeme sin miedo.

Récenle a cualquier dios de los que hablaba,
por ella,
   y por mí.

ADONIS EN FRÍO

Piernas que amparan,
torso expresivo,
brazos ligeros,
rostro de mármol.
¡Qué geometría!
¡Qué mala suerte!
Un jabalí,
furia celosa,
muerde tu muerte.

NARCISO DESVANECIDO

Cuando la noche es única,
mi convulsión, mi mano, mi persona
de enfrente y mi reflejo
anuncian que la luna llega tarde.

El eco se destroza
al probar la ilusión de convocarse.

DESDE ÁULIDE

Ver la pasión de Helena
dormir la travesía de los barcos
en las arenas de Áulide
fue gloria bendita.

Un cuello, que sagrado se decide
a cumplir sus promesas, se desprende
acantilado abajo,
formando una cascada ensangrentada
que impulse el movimiento de los mares.

¡Ya ha hablado el oráculo!

¡Y debe suceder en el destino
sin contar con mi copa
exangüe de los líquidos de Baco!

Estábamos tranquilos
en este paraíso litoral:
brisa, sales, descanso, sol, sosiego...
Era espectacular, amada mía.

Porque entre tú y yo, Paris
no es ningún extranjero,
hizo lo que nosotros hacíamos
¿Te acuerdas de los celos de tu novio
cuando nos pilló orándole a Afrodita?

Por casi no lo cuento...

¡Mira que te conozco, no te rías!

Nuestro interior navega en otro mito.

Nuestro exterior encalla con el cosmos.

Zarpa a Troya, tu pronto desertor.

LO CLÁSICO Y SUS DERIVACIONES
Mario Pérez Antolín

Adquiere la condición de clásico algo o alguien que deja de pertenecer a su tiempo para pertenecer al tiempo.

*

Dos insignes personajes universales representaron mejor que nadie el paso del siglo XVIII al XIX: Napoleón al frente de sus ejércitos y Beethoven componiendo sus obras. Aunque, si yo tuviera que elegir un hecho simbólico como línea divisoria entre ambos periodos históricos, me quedaría antes con el estreno de la *Heroica* en el Theater an der Wien de Viena que con la victoria francesa en la batalla de Marengo. Esa sinfonía supuso un hallazgo cultural de primer orden: el advenimiento imparable del romanticismo y el final irremediable del clasicismo. A veces, la música encarna mejor que la guerra una transición de épocas.

*

¿Qué fue de esas damas, esquivas y displicentes, de duro corazón, que se dejaban cortejar, pero que nunca correspondieron, por más poemas que recibieran de los incansables poetas clásicos? De ellas nos queda la firme altivez desdeñosa y de sus insignes enamorados, la desventurada gloria literaria.

*

Me encuentro ya en esa situación en la que debo elegir entre releer los clásicos de todas las épocas o leer libros cada vez peores. ¡Lo que daría por empezar de cero en mi carrera como lector! ¡Lo que daría por sorprenderme nuevamente con lo sublime!

*

El paradigma de convivencia sociopolítica: la *polis* de Pericles sin esclavismo ni sexismo ni belicismo. Lo mejor del mundo clásico sin lo peor del mundo antiguo.

¿PARA QUÉ LEER A LOS CLÁSICOS?
José Luis Trullo

"Un clásico es un autor que tiene derecho a
no estar de moda nunca, y a ser leído siempre".

(Manuel Sacristán)

En un siglo devorado por el culto a la novedad, co-
rroído hasta el tuétano por el imperioso 'ahora', ¿qué
sentido tiene leer a los clásicos? ¡Con tantos autores
vivos por atender! Desperdiciar tiempo y atención en
quien se supone que no nos habla de nada que nos
concierna... ¡y qué, encima, no nos lo va a agradecer,
al menos, con un 'like' o un emoticono sonriente!
¿Cabe un despilfarro mayor? ¿No hay mejores mane-
ras de perder el tiempo?

Tras concluir la lectura de cualquier auténtico
clásico, uno solo puede responder que sí, que vale la
pena prestarles atención, y que no, que no se pierde el
tiempo haciéndolo, en primer término porque su interés no acaba en lo que nace y muere en su propio
contexto social, histórico o de cualquier otra índole.
No: los clásicos lo son, no porque sean hijos de sus
circunstancias, sino porque las trascienden apuntando
a algo que hermana todas las épocas, incluso todas las
culturas. De hecho, si resisten el severo escrutinio del
tiempo (que quisiera reconocer únicamente aquellos
frutos que le deben literalmente la vida) es gracias a

que acceden a una instancia superior, estable, inmutable... perenne: a la propia naturaleza humana. Eso es lo que los hace clásicos, no el que todo el mundo hable de ellos incluso sin haberlos leído.

Nunca olvidaré el pasmo que me invadió con solo quince años al leer primera vez aquellas obras (*La Celestina, El Lazarillo, El Quijote*) de las que tanto había oído hablar, y que hasta entonces para mí no habían sido más que entelequias vacías: ¡cuánta vida, cuánta verdad descubrí en ellas! Y así me ha seguido sucediendo desde entonces: la misma experiencia de intimidad atemporal con el pasado, idéntica constatación de que –a despecho del hechizo de las apariencias mudables- lo importante no cambia, de que 'lo humano' pervive fuera del tiempo, aunque adoptando variadas formas según el lugar y el momento en que se las acoge e interpreta.

Esa es la auténtica lección que nos imparten los clásicos, una y otra vez: que no hay que dejarse despistar por lo accidental y que debemos apuntar siempre a lo sustancial, pues si lo que cambia nos aleja a los unos de los otros, lo que permanece nos acerca: nos hermana. Tal es la virtud de los clásicos: son una auténtica lección de fraternidad.

"Leyendo a los clásicos pongo en duda que exista la evolución".

(Manuel Feria)

GRACIAS A LOS CLÁSICOS...
'QUID NON SENTIT AMOR?'
Alfonso Lombana Sánchez

"Quid non sentit amor?"
(Ovidio, *Metamorfosis*, Libro IV, v. 68).

¿Qué no descubre el amor?
¿Qué no siente el amor?
¿De qué no se da cuenta el amor?
¿Qué no notará el amor?
¿Qué no nota el amor?

Estas cuatro incisivas palabras, expuestas entre paréntesis con interrogante, las encontramos en medio del relato de Píramo y Tisbe, en las *Metamorfosis* de Ovidio, cuando se narra la historia de estos amantes obligados a no quererse.

La prohibición a su amor los separó mediante un muro que ellos, no obstante, lograron sortear:

Fissus erat tenui rima, quam duxerat olim,
cum fieret, paries domui communis utrique;
id uitium nulli per saecula longa notatum
(quid non sentit amor) primi uidistis amantes.

Una delgada grieta tenía ya de antaño,
de cuando lo construyeron, el muro de aquellas dos casas;
nadie durante siglos se había dado cuenta de aquella que
–qué no apercibe amor– descubristeis vosotros, amantes.

Estos versos me han obsesionado desde siempre: dan prueba de ello los garabatos al margen de la edición donde leí el pasaje por primera vez. Es más, a las notas iniciales se sumaron otras muchas posteriores, ya que una y otra vez he vuelto sobre esta anotación.

Este verso 68 del Libro IV es el primero que miro cada vez que cae en mis manos una nueva traducción de las *Metamorfosis.*

El acervo popular dice que "la primera es la que vale". Para mí, en concreto, esta primera fue la propuesta de Vicente López Soto (Editorial Juventud, 1999), que dedicó su traducción a su hija, y que decía: "¿Qué no descubre el amor?". No sé si es la mejor traducción ni tampoco las más aceptada. Pero fue mi primera vez.

Con el paso de los años he ido conociendo lecturas de otros grandes filólogos clásicos. Todas ellas las he gozado y anotando en el dolorido papel de mi primer libro: "¿Qué no siente el amor?", Ana Pérez Vega (Bruguera, 1983); "¿De qué no se da cuenta el amor?", Consuelo Álvarez y Rosa M.ª Iglesias (Cátedra, 1995); "¿Qué no notará el amor?, Antonio Ruiz de Elvira (Alma Mater, 1964); "¿Qué no nota el amor?", José Carlos Fernández Corte y Josefa Cantó Llorca (Gredos, 2008).

Incierto por cuanto allí leo, cometo a veces la temeridad de buscar las cuatro palabras en el *Diccionario Latino-Español* de Agustín Blánquez Fraile (Gredos) para… ¿traducirla yo mismo?

Mi disgusto, cada vez, es enorme cuando constato las muchas combinaciones:

—*Quid*: Qué, qué cosa, pues qué, por qué.
—*Non*: no.
—*Sentit* (*sentio*): Percibir por los sentidos o físicamente, sentir, oír, darse cuenta de los efectos de una cosa, experimentar sus efectos, ser afectado por algo, comprobar, estar expuesto a una enfermedad, padecerla, sentirla, percibir por la inteligencia, conocer, juzgar, pensar, creer, tener tal o cual opinión.
—*Amor*: amor, afecto, ternura, cariño, ternura apasionada, pasión amorosa, amor sensual, (por metonimia) el ser u objeto amado, pasión, deseo, afán, inclinación, el Amor personificado (Eros, Cupido, Amor).

Las tres preguntas que me hago cada vez son siempre las mismas, más o menos:

—¿Por qué una pregunta en negativo? ¿Por qué "no"?
—¿Qué tipo de sensación implica aquí el verbo *sentio*? Es decir: ¿es más bien física (ellos palpan la grieta) o es más bien mental (su instinto amoroso les lleva a descubrirla)? No termino de decidirme porque, en cualquier caso, la grieta es física y se convierte en el altavoz de su amor.
—Ese amor de ahí, ¿qué es? ¿Qué carnalidad tiene su ternura? ¿Cuánto dios hay ahí?

Al margen de estas tres cosas, hay otra más que me inquieta en exceso: ¿cómo cuatro palabras en latín tienen que explicarse tan prolijamente en español? ¿A qué se debe la injusticia de no tener ya una lengua tan precisa ni sucinta?

Tras años de estudio y lectura, he dejado de contestar y de buscar. Cada vez tengo menos respuestas, sino que, únicamente, me limito a admirar el latín, a agradecerle a los clásicos su existencia y a exclamar por doquier la necesidad de no olvidarlos nunca. Leo, releo, me abrumo y callo.

Sí sabemos de dónde venimos. Y, además, vivimos para contarlo. En este sentido, brindemos por los clásicos, sentémonos con ellos a una mesa para escucharlos, aprender de ellos y nutrirnos de su eternidad. Y, con todo nuestro cariño (*amor*), apercibamos, sintamos, démonos cuenta (*sentio*) de eso (*quid*) que estamos haciendo. O no (*non*).

EL PROFUNDO SOSIEGO DE LAS COSAS
José María Jurado

En días de tribulación cuánto consuela la lectura de Séneca, el filósofo de la serenidad, el autor, precisamente, de las *Consolaciones*.

El primer autor, con Marcial (eres el más grande), de la literatura española, aunque escribiera en latín, ese español primigenio.

Toda la literatura española, como dijo Borges, estaba ya en sus libros.

La sapiencial y la trágica desde luego. Todo el barroco.

La sevillana *Epístola moral* atribuida al Capitán Fernández de Andrada, uno de los textos esenciales de un posible Evangelio Español, es la traslación al verso de los siglos de oro, de la obra de Séneca.

Veamos un párrafo de *Sobre la brevedad de la vida*:

Ahora, mientras está caliente tu sangre, en la plenitud de tus fuerzas, has de encaminarte a cosas mejores. Te aguardan en este género de vida muchos buenos conocimientos, el apego y la práctica de las virtudes, el olvido de las pasiones, la ciencia de vivir y de morir, el profundo sosiego de las cosas.

Y yo, el yo narcificado que sufre estérilmente, como todos, por casos y cosas miserables que se habrá de llevar el desagüe de los días, me adentro dócilmente en el profundo sosiego de las cosas como lo hacía Dylan Thomas en la noche callada.

Liberado momentáneamente por la lectura de las cadenas del ego asciendo a contemplar la multiplicada belleza de la vida y me digo: sea.

EL DIÁLOGO DE LO ANTIGUO CON LO NUEVO: EL CASO DEL *QUIJOTE*
Antonio Barnés

El romano era muy amante de sus tradiciones, al tiempo que su contacto con los griegos le ofreció innumerables vías de innovación. La cristiandad medieval se siente heredera del Imperio romano y de la tradición judeocristiana, lo que no es óbice para que cree realidades originales, como demostró Régine Pernoud en *¿Qué es la Edad Media?* El Renacimiento supuso una enorme innovación, paradójicamente, desde el revivir de la antigüedad grecolatina. Es a partir del siglo XVII cuando empieza a consolidarse una dicotomía con la 'querella entre antiguos y modernos', renacida en el XIX entre clásicos y románticos en lo estético, y tradicionalistas y liberales en lo político. Desde entonces se ha explotado hasta el infinito la división entre conservador y progresista. Pero este trastorno bipolar no resiste una crítica racional y ha sido y es causa de mucho malestar y conflicto.

¿Hay realidad humana que no necesite conservación y progreso? ¿No precisa cualquier patrimonio cultural una crucial labor de conservación? ¿No se puede progresar acaso en esa labor de conservación? ¿No es vital que haya un progreso, una creación de formas y contenidos nuevos? ¿No es el diálogo entre lo antiguo y lo nuevo la raíz de cualquier progreso?

Un ejemplo espléndido de lo que venimos hablando es el *Quijote*. La obra maestra cervantina es considerada una de las principales y primeras novelas modernas, cabeza y raíz de muchas creaciones futuras. Al mismo tiempo, el *Quijote* es fruto del humanismo, de la cultura del Renacimiento, movimiento que mira hacia atrás para renovar el presente.

Las 1.274 referencias al mundo grecolatino que pueden inventariarse en el *Quijote* (531 en la novela de 1605 y 743 en la segunda parte, de 1615) abarcan las más diversas facetas del universo grecolatino: poesía, teatro, historia, pensamiento, retórica y poética, ciencias naturales, etcétera. La especial relevancia en la novela de conceptos de la preceptiva literaria antigua, particularmente de la *Poética* de Aristóteles, avala que la tradición grecolatina no constituye un mero ornato en el Quijote sino que afecta a su misma concepción, desarrollo y fin. La novela pone en acción las críticas de los humanistas hacia el género de las novelas de caballerías, muy exitosas en el XVI.

El *Quijote* supone una sátira inteligente, una agudísima crítica de las novelas de caballerías que, al mismo tiempo, trata de rescatar lo más valioso del género, subrayando también sus elementos positivos. Y esto es posible porque Cervantes ha aplicado a la creación literaria los principios de verosimilitud y ejemplaridad que no se cansaban de reivindicar los humanistas en el plano teórico, conceptos enraizados profundamente en la preceptiva griega y romana. Sin tradición clásica no habría *Quijote*, ya que el principio estético más invocado y practicado en él es el de la verosimilitud aristotélica. Si muchos consideran el *Quijote* la primera novela moderna por la verosimilitud de los personajes, seres de carne y hueso –particularmente, los protagonistas–, libres, dinámicos, que evolucionan; por la entrada de la cotidianeidad en la literatura; y, entre otras razones, por la pluralidad de caracteres, sentidos y perspectivas, es, en buena medida, por su inspiración –sin servilismo– en principios estéticos grecolatinos.

Las referencias grecolatinas del *Quijote* no son producto de la erudición o la pedantería. Cervantes reniega explícitamente en el primer prólogo del *Quijote* del uso pedante o pseudoerudito de las referencias clásicas. Esa proclama es coherente con la práctica cervantina en la novela. Las más de 1.000 referencias grecolatinas se insertan con naturalidad en las palabras de narrador y personajes, evidenciando que el autor ha asimilado esa herencia. En la novela, el humanismo está hecho cultura.

Solo un análisis riguroso puede arrojar el dato de las mencionadas 1.274 referencias. La lectura de la obra no produce la impresión de un abigarramiento de citas. El alegato cervantino contra la pedantería se desarrolla también al plantear diversas facetas de la actitud humanista: la juvenil, la burguesa, la equilibrada, la pedante y la preceptiva, encarnadas en cinco tipologías diferentes de personajes.

Cervantes muestra un gran dominio de la tradición clásica: habla de tú a tú con ella, y logra que a su hijo predilecto, don Quijote, la formación humanística le preserve de caer en una completa locura. De vuelta a su pueblo tras la derrota en Barcelona puede abjurar de las novelas de caballerías. No tiene necesidad de hacerlo, sin embargo, de las obras de la antigüedad griega o romana.

El *Quijote* no se transforma en moderno por romper con lo antiguo, sino por proponer un diálogo entre lo "antiguo" medieval y lo más "antiguo" grecolatino que, recuperado en el Renacimiento, se convirtió en motor de lo "moderno".

TRADICIÓN, CLASICISMO, CULTURA
(LA IDEA DE CLÁSICO EN LOS AFORISMOS
DE JUAN RAMÓN JIMÉNEZ)

José Luis Morante

Entre los artículos de prosa crítica de Juan Ramón Jiménez rescatados en 1982 en el número 16 de *Poesía*,
la revista ilustrada y de información poética del Ministerio de Cultura, encontramos un texto básico para
entender la precisa definición de clásico en el poeta
de Moguer. La reflexión tiene como semilla escritural
la lectura de un controvertido ensayo en torno a la
civilización de T. S. Eliot. Diserta Juan Ramón Jiménez: "¿Tradición, clasicismo, cultura? Para ser clásico,
para incorporarse a la tradición y la cultura, le ha faltado a Eliot ser actual: actual, es decir clásico, es decir
eterno". Queda así expuesto que en la semántica de
clásico es consustancial la ejemplar voluntad de permanencia, la atemporalidad. Las creaciones literarias
no son andenes de paso ni se someten a la cronolo-
gía limitada de un marco histórico. Necesitan madu-
rar. Asientan sus raíces en el legado de la tradición y
buscan la continuidad de una estela representativa
que permite vislumbrar la textura humana y creadora
del modelo, sus coordenadas espirituales, materiales e
ideales. El quehacer del trabajo gustoso aspira a lo invisible y en esa pulsión consume su perenne búsqueda de la palabra exacta: "Con mi obra aspiro a perdu-

rar, pero no como famoso vivo estático sino como perenne espíritu ardiente".

En los estudios literarios la idea de clásico define, en general, una obra que se hace paradigma de verdad y belleza, por lo que se convierte en lectura provechosa y formativa, en veta de riqueza universal. Alumbra una clara disposición a integrarse en los rincones más íntimos de la memoria por sus niveles de significados y descubrimientos. La trayectoria magistral abre una relación de pertenencia e identificación; protagoniza un devenir literario y humano que se vincula con el autoconocimiento y el sentir colectivo.

Poco amigo de datos eruditos y fechas bibliográficas, Juan Ramón Jiménez considera que la existencia del autor queda integrada en la singularidad del legado. Las páginas son vida desvelada y verdadera. Los efectos profundos de su obra moldean una presencia fuerte en el catálogo de clásicos del castellano. El fecundo río de su poesía es referente áureo del canon. Es un poeta de poetas. Pero, ¿lo son también el pensador y el aforista? Forjador de una inquietud creadora plural que aglutina varias facetas —poesía, narración, textos críticos y aforismos—, la escritura es luz con el tiempo dentro. Nace desde la soledad y la meditación. Ama la claridad de trazado en las formas y la inquietud indecisa en el espíritu. Quien escribe no lo hace desde el entrelazado de los principios léxicos, sino desde los manantiales de la intuición imperfecta y la inteligencia: "La poesía como el paisaje, como el agua lírica, no es nada preciso, ni definido, ni inmutable. Lo mismo que su hermana la música, tiene a la emoción por rosa y a la divagación por estrella".

Con una abrumadora fuerza creativa, sometida de continuo al desbroce perfeccionista, Juan Ramón Jiménez protagoniza un incansable viaje por la escritura hasta completar un hermoso horizonte. Lo recuerda en este aforismo de *Política poética*: "Mi biografía es empezar siempre, mi bibliografía siempre empezar". En el balance de los años, la poesía se conforma como principio y síntesis de vida: "De mi escritura, los unos dicen que tengo los dones completos de la poesía, los dones que antes dije yo que tengo. Otros que no. Otros que sí y que no, y otros que qué sé yo. Apolo y las musas, mis buenos amigos, sabrán, puesto que son orijen, quiénes dicen la verdad humana y quiénes la humana mentira, quiénes son los merodeadores reptiles de diversa categoría a quienes dediqué mi caricatura del haz, y quiénes los ánjeles de mi guarda".

La disciplina estética, concebida como absoluta necesidad, se hace espacio y tiempo para contextualizar al hombre interior. No son vocaciones desligadas sino dispersiones de la ardua labor diaria, que tiene una fertilidad asombrosa. A veces, cada género aparece con el perfil arisco de una isla, volcando la inquieta voluntad de una estrategia expresiva a otra, de un proyecto a otro. Y con frecuencia los itinerarios amasan puntos tangenciales y se publican juntos, como en la colección de cuadernos de *Unidad*, una serie de ocho entregas que contiene poemas, aforismos y cartas, editada en 1928. A lo largo del tiempo irá incrementando materiales y tendrá nuevas ordenaciones en su inacabable aspiración de obra completa.

El estallido de la guerra civil supone una ruptura total de los quehaceres literarios. Juan Ramón Jiménez se siente viejo e inútil para participar en aquel seísmo beligerante, y en agosto de 1936 Manuel Azaña, presidente de la República, expide un pasaporte diplomático a nombre del poeta, como agregado cultural honorario a la embajada española en Washington. Días después Zenobia y Juan Ramón parten en el transatlántico Aquitania con destino a Nueva York. Comienza un nuevo entorno de acogida en Estados Unidos, Cuba y Puerto Rico, casa abierta final donde residirá hasta su muerte, el 29 de mayo de 1958, cuando la paradoja existencial le ha concedido el haz del Premio Nobel de Literatura y el envés de la soledad más absoluta, tras la muerte de su esposa e incansable colaboradora Zenobia Camprubí. Hasta esa estación crepuscular su identidad, como él mismo reajusta trazos en *Crítica paralela*, ha alcanzado una dimensión de plenitud. Entre la soledad y el silencio, es cada vez más un centro último y trascendente; personifica "un "andaluz universal, cansado de su nombre, vencedor oculto y creador sin escape".

Los eventos literarios en los que participa en distintos países latinoamericanos no merman la continua autocrítica, la incansable depuración, el afán corrector y "la ilusión de poder corregir todos mis escritos el último día de mi vida, para que cada uno participase de toda ella, para que cada poema mío fuera todo yo". Se hace principio hasta los días de la despedida la elevada aspiración de ser poema y no poeta. De este modo, planea en 1953 una rigurosa organización de su obra completa. Se llamaría *Metamórfosis* y comprendería siete entregas, según el molde expresivo utilizado: la poesía en *Leyenda*; la prosa lírica en *Historia*; el ensayo, las ponencias y la crítica general en *Política*; las cartas públicas y particulares, cruzadas con amigos, escritores, admiradores e instituciones en *Cartas*; las traducciones de los poetas Yeats, Blake, Shakespeare y Shelley, en las que tuvo la incansable supervisión y ayuda de su esposa, en *Traducciones*; el material misceláneo de notas biográficas, respuestas a entrevistas, textos sobre proyectos y viajes en *Complemento*; y, por último, los aforismos en *Ideolojía*. Pero la merma de la salud es evidente y aquel compendio del trabajo constante, orgánico y perfecto, solo quedó en un sueño.

Será el profesor Antonio Sánchez Romeralo quien se encargue, tras veinte años de lecturas, estudio, revisiones y reconstrucción, de llevar a imprenta la edición príncipe de *Ideolojía (1897-1957) (Metamórfosis, IV)* en la editorial Antrophos de Barcelona, en noviembre de 1990. La versión final aglutina más de cuatro mil aforismos. Serán distribuidos en seis epígrafes o libros, que yuxtaponen intervalos temporales y que establecen principios de inquietud y orden. Muchos pensamientos y anotaciones fueron publicados en periódicos y revistas de España y América, con epígrafes y series que vuelven a reordenarse sin criterio cronológico, y que, después de publicadas, se modifican y aumentan con nuevos aforismos. El copioso material acogido recuerda un diario vital y estético. Dibuja la capacidad del pensador para "sentir profundamente la idea y pensar con agudeza el sentimiento" mientras busca en el estar cotidiano independencia, soledad y equilibrio, la necesaria calma para oír el ritmo orbital del pensamiento.

Como apunta la investigadora Soledad González Ródenas, "con el paso del tiempo, Juan Ramón irá asimilando, con resignada serenidad, que su única patria posible, su única seña de identidad –además de la pequeña piedra de Moguer que siempre llevó en el bolsillo de la chaqueta, al lado del corazón– era su lengua".

La singularidad del formato lacónico amanece muy pronto, cuando el joven se acerca a la veintena. Las breves sentencias de esta etapa auroral están influidas por los pensamientos de Tomás de Kempis, un clásico de la espiritualidad cristiana del siglo XV. Hacia 1900 se gestan nuevos aforismos tempranos, junto a cancioncillas y epitafios. Se conciben como materiales de entretiempo que acercan sorpresas intuitivas o pensamientos sabios hilvanados en lo cotidiano: "No son ley ni regla –estos aforismos– para nadie ni para mí mismo. Son solamente deducciones gustosas, sensuales, caprichosas".

Los aforismos alientan temas de varia naturaleza. Con frecuencia practican el autorretrato; dibujan un yo en constante mutación, un perfil sucesivo y en transición, empeñado en crear y salir de sí mismo, no exento de cierto narcisismo: "Narciso es el todo y la eternidad. Si un poeta sale de sí mismo y se hace eco de vida, deja de ser poeta en el acto. Porque la vida es suceso derivado y el poeta es creador de su vida. Narciso ama la vida, pero la ama en sí, porque él la tiene toda en su interior."

El vagar incesante del discurrir se hace persistente centro de meditación. El presente es espiga y fruto, pero se nutre de recuerdos y de esperanzas y alumbra una constante añoranza del porvenir. La total entrega a la obra literaria concede a la fugacidad del instante valor de permanencia. El escritor pugna por captar la realidad lejos de lo contingente, en su forma ideal y perfecta. Este idealismo se convierte en búsqueda de lo espiritual, de una realidad invisible, ajena a la imperfección y lo defectuoso: "Un poeta no es sino un hombre descontento que transforma el mundo a su antojo, que cambia para él y para los demás el aspecto de la creación".

Las precisas cualidades de la naturaleza se convierten en espejo de perfección y en un reflejo de la creación estética. La observación de los ciclos y los fenómenos naturales es un semillero de ideas, colores, formas y sensaciones: "Raíces y alas; pero que las alas arraiguen y las raíces vuelen".

Otra pulsión aforística fuerte es la meditación sobre las fuerzas internas del quehacer literario. Si la inspiración es la inteligencia ciega que confía en el destello momentáneo, será la inteligencia consciente la que vela el proceso de depuración. El logos fija o define el esplendor final: "La intelijencia no sirve para guiar el instinto, sino para comprenderlo".

Casi ningún tema queda al borde del entramado argumental de los aforismos. Los pensamientos se van acumulando en la curiosidad intelectual de Juan Ramón para ser moldeados por su incansable voluntad expresiva: el lenguaje de los sueños, la muerte como acicate para la creación y la necesidad de concluir una obra verdadera en un tiempo finito; la escritura como surco de brevedad y exactitud y la voluntad del trabajo como permanente lámpara encendida.

Como un continuo surtidor de ideas, pleno de naturalidad y transparencia, el aforismo se convierte en metafísica. Diversifica un fondo de cavilaciones sobre estética y ética que mantiene una perenne fe en explicar todo, la abstracción invisible de lo increado y las cosas tangibles de lo creado. Es sensibilidad inteligente, hallazgo, libertad para fusionar percepción, memoria y anécdota. La labor intelectual es inquietud pensativa que alcanza en su desarrollo natural un ritmo de trabajo que se hace razón de vida. Sus meditaciones trazan con exactitud los contornos de la obra en progreso:

Sólo la creación vence el ruido de la Creación.

Para mí, no hay otras razones en la vida —ni en la muerte— que las razones estéticas.

Somos andarines de órbitas. No podemos llegar a fin alguno.

Con la belleza hay que vivir —y morir— a solas.

La decadencia de un artista se anuncia casi siempre con su adopción de la perezosa idea: "El arte para todos".

Que inconsciencia y conciencia salgan de igual profundidad de nuestro ser.

Y no me considero un revolucionario, sino un evolucionario, y no creo en otra fuerza que la que encierra el espíritu en lo poético y la razón en lo filosófico.

Alentar a los jóvenes, castigar a los maduros, tolerar a los viejos.

Mi mejor obra es mi constante arrepentimiento de mi Obra.

La opinión es fugaz; despréciala y empléate en aquello per-durable que tienes que hacer.

Juan Ramón Jiménez fue un esteta toda su vida. El escritor llevó todos los matices de la naturalidad del idioma hasta las últimas consecuencias. El afán constante contagia a todas las caras del destino creador. Fiel a sus ideas y sentimientos, sobrio y preciso en el arte de la palabra, hizo idea central de su quehacer interminable el anhelo interior de llegar a ser. El misterio de la profundidad. Los elementos íntimos del balance aglutinan condensación poética, intensidad humana, clarividencia crítica y cadencia reflexiva. La existencia hizo de vocación literaria una quimera: ser, en el constante proceso de abrir senda, un clásico moderno y actual, que asocia lo viejo y lo nuevo. De este modo, la capacidad creadora dibuja un incontaminado litoral de atemporalidad y permanencia. Las breves prosas de sus aforismos, más allá de la incertidumbre del prolongado exilio y del desmoronamiento final en la soledad, se hacen memoria activa de emoción y conciencia, un paradigma de perfección.

EL MISTERIOSO JUEGO DE CASTALIA
Ignacio Gómez de Liaño

Si Giordano Bruno hubiera consolidado la secta, llamada los «Giordanisti», que se dice formó en Alemania durante sus estancias en ese país como maestro inquieto y prestigioso; si esa secta hubiera llevado a efecto la reforma filosófico-cultural-religiosa que su fundador se proponía realizar en el mundo, una reforma cuyo instrumento fundamental se cifraba en sus métodos mágico-mnemónicos (análogamente a como los *Ejercicios espirituales*, de San Ignacio de Loyola, constituían desde hacía unos años el instrumento de reforma ideado por el fundador de la Compañía de Jesús); y si, por último, y como consecuencia de las dos premisas anteriores, se hubiera afianzado en el mundo una vasta o poderosa sociedad consagrada al desarrollo del *ludus memoriae*, del arte mágico de la memoria, capaz de influir en la historia de la cultura y la espiritualidad, ¿cómo cabría imaginar entonces la historia de esa sociedad y de sus miembros más destacados? ¿Cómo podríamos figurarnos el alcance de su influencia en la historia de la civilización, y la estructura de su organización?

Si planteo estas sugestivas cuestiones no es porque tenga intención ni esté en condiciones de contestarlas, sino sencillamente porque hay en la literatura contemporánea una obra titulada *El juego de los abalorios (Das Glasperlenspiel)*, de Hermann Hesse[1], en la que se supone que un anónimo cronista de la legendaria Castalia relata, allá por el año 2400, la historia de un extraño y misterioso juego o arte o sistema-idioma que abarca todos los contenidos y valores de la cultura, sirve como elaborado ejercicio espiritual e intelectual a los miembros de Castalia, y prepara el advenimiento del Tercer Reino del espíritu, recapitulación y unificación de todos los tiempos del hombre.

No voy a hacer un análisis literario de esa novela, que es probablemente una de las más ambiciosas y largas que escribió el conocido escritor germano, ni tampoco a entrar en los problemas críticos que plantea la 'biografía' novelada de José Knecht, el *Ludi Magister* Josephus III, «como se le llama en los archivos del Juego de los Abalorios». Me limitaré a presentar escuetamente algunas características que el autor atribuye al misterioso juego, pues su analogía con el *ludus* del *De imaginum compositione* llama poderosamente la atención del lector que se ha dedicado a la temática de la mnemónica bruniana.

Digamos de entrada que el conocido Premio Nobel no cita en ninguna parte de su obra el nombre de Giordano Bruno y se puede poner en duda que conociese directamente los métodos mnemónicos del

---

[1] Hermann Hesse, *El juego de los abalorios*. Traducción de Mariano S. Luque. Madrid, Alianza Ed., 1978.

Nolano. No obstante, a lo largo de su historia el novelista demuestra estar empapado de numerosas claves del pensamiento bruniano y de las corrientes culturales en las que éste se encuentra, y hace expresa referencia a algunos autores que influyeron en Bruno o en los que Bruno influyó.

La novela de Hesse posee, en cualquier caso, la virtud de imaginar y dramatizar, como si se tratase de una historia perfectamente realizada, la influencia del Juego de los Abalorios y los avatares de una sociedad, especie de poderosa orden religiosa internacional, para la que el mencionado juego es el alma y el secreto, celosamente custodiado, que nutre su existencia y su actuación en el mundo.

Ya en las primeras páginas de su relato nos dice el autor que no pretende escribir una historia completa ni una elaborada teoría del Juego de los Abalorios. Cree que esa ardua labor queda reservada a las generaciones venideras. Tampoco aspira a confeccionar un manual, que jamás podrá escribirse dado que «las reglas del juego se aprenden solamente por el medio normal establecido, que requiere varios años de estudio, y ninguno de los iniciados podría nunca tener interés en tornar más fáciles para el entendimiento las mentadas reglas». Y a continuación dice:

> Éstas, el alfabeto y la gramática del juego, vienen a constituir una especie de lenguaje secreto muy desarrollado, en el que participan muchas ciencias y artes, sobre todo las matemáticas y la música (me es-

45

toy refiriendo principalmente a la teoría musical), y que expresa los contenidos y resultados de casi todas las ciencias y puede colocarlos en correlación mutua. El juego de los abalorios es, pues, un juego con todos los contenidos de nuestra cultura; juega con ellos como quizá, en las épocas florecientes de las artes plásticas, pudo un pintor haber jugado con los colores de su paleta.

Como puede observarse, el conjunto de rasgos que Hesse atribuye al Juego de los Abalorios podría aplicarse casi literalmente al 'juego' bruniano de la memoria. Incluso los orígenes de aquél son similares, si no idénticos, a los de este: «Lo hallamos prefigurado ya en muchas épocas anteriores como concepto, como intuición, como forma mágica, por ejemplo, en Pitágoras, luego en las postrimerías de la cultura antigua –en el círculo helenístico-gnóstico–, como también entre los antiguos chinos; después, en el apogeo de la vida espiritual morisca; más adelante, el rastro de su amanecer histórico pasa, a través de la Escolástica y el Humanismo, a las academias de los matemáticos de los siglos XVII y XVIII, y aun a las filosofías románticas y a los rúnicos caracteres de los sueños sibilinos de Novalis». También bajo el sistema filosófico de Bruno pueden detectarse importantes influencias pitagóricas, gnóstico-helenísticas, y una intención que le pone en relación con la escritura ideográfica china. Hesse insiste en la importancia que tiene la teoría musical o una suerte de música especulativa en la estructuración y dinámica del Juego de los Abalorios, al igual que Bruno en el solemne capítulo último del libro primero del *De imaginum* contempla su método como una especie de pitagórica musical, visual y especulativa.

El puente que une al Juego de los Abalorios con la mnemónica lo tiende firmemente Hesse en la página 30 de su novela: «En el principio, el juego fue sólo una ingeniosa forma de ejercitar la memoria y de combinar; lo practicaban estudiantes y músicos». ¿No era también la vieja e ingeniosa arte de los sofistas griegos y de los retóricos romanos el precedente y soporte del audaz designio bruniano, consistente en llevar a cabo una profunda reforma psicomental y en estampar en el alma una nueva y saludable *forma mentis*? ¿No fundía el método bruniano el arte clásica de la memoria, basada en lugares e imágenes, con el arte luliana, basada en la combinatoria?

También alude el novelista al poder de universalidad que con el tiempo fue cobrando el juego, y cómo su vuelo se le podía ver planeando en las alturas sobre las corporaciones facultativas, sometiendo a su inteligente reglamentación a astrónomos, helenistas, latinistas, escolásticos, estudiantes de música, etc. El juego, que empezó siendo un singular entretenimiento de matemáticos, filósofos y músicos, iría atrayendo a su seno con interés creciente a todos los verdaderos hombres de espíritu, y «creó los fundamentos de una nueva lengua, es decir, de un idioma de signos y fórmulas, en el que participaban por igual las matemáticas y la música». Se interesaron en él –dice Hesse– algunas órdenes religiosas, en especial la de los benedictinos; la Iglesia y la Curia se plantearon seriamente la conveniencia o inconveniencia de tolerarlo, y acabó constituyendo «la suma y encarnación de lo espiritual y sinfónico, culto sublime, *unio mystica* de todos los miembros dispersos de la *Universitas Litterarum*». Esta relación del Juego con ciertas órdenes religiosas y con la Iglesia o la Curia nos recuerda la especial vinculación que durante la Edad Media tuvo el arte de la memoria con la orden de los dominicos, a la que perteneció Bruno, así como también nos hace pensar en el plan de reforma que quería el Nolano proponer al Papa, a su regreso a Italia, donde enseguida sería prendido por la Inquisición. Tratábase con toda probabilidad de una reforma en la que el arte mnemónica desempeñaba un papel fundamental.

Después de comentar Hesse que, por la importancia que en el Juego tenía el arte, también se le llamó «teatro mágico» (¿cómo no pensar en el teatro de Camillo?) y de relacionarlo con los *Ejercicios* de San Ignacio (evóquense sus 'composiciones de lugar' y el relieve que en ellos tienen los esfuerzos de la imaginación), el novelista afirma que «el juego de los abalorios, merced a la alternativa hegemonía de esta o aquella ciencia, vino a transformarse en una especie de lenguaje universal, mediante el cual los jugadores adquirían la facultad de expresar valores con ingeniosos signos y de ponerlos en relación mutua», de suerte que «las figuras y fórmulas del juego de los abalorios construían, musicaban y filosofaban en un lenguaje universal alimentado por todas las ciencias y artes, jugándose y dirigiéndose esforzadamente hacia la perfección, hacia el ser puro y la plena realidad» (pág. 37).

Pese a la gran consideración y estima que le merece el juego que da título a su obra, no por eso el novelista deja de enterarnos que no todo el mundo está conforme con el Juego de los Abalorios y que «hay quienes dicen que es un sucedáneo de las artes y que los jugadores son como literatos, que no deben ser considerados en realidad como intelectuales, sino a modo de artistas que fantasean libremente y se divierten así» (pág. 79). Incluso el rebelde Plinio llega a sostener la temeraria tesis de que «el juego de los abalorios es un retroceso a la época folletinesca, consta sólo de asociaciones psíquicas y juega con meras analogías; que el ponerse a jugar con unas letras en las que hemos disuelto las terminologías de las distintas ciencias y artes no es más que una falta de responsabilidad» (pág. 93).

Sin embargo, no es esta la opinión reinante en Castalia, la cual, por otro lado, tiene su fundamento como sociedad o estado *sui generis* en el mantenimiento del Juego de los Abalorios. El futuro gran maestro, *Magister Ludi*, José Knecht tuvo una trascendental visión durante sus años de estudiante, en la que vio que el idioma de los abalorios hacía posible en todo momento la resurrección de todos los contenidos de la cultura, y «comprendió con iluminación súbita que en el idioma o, al menos, en el espíritu del juego de los abalorios, todo puede en realidad significar todo, que cada símbolo o combinación de símbolos no conduce ocasionalmente a ejemplos, experimentos o pruebas particulares, sino al centro mismo, al misterio, a la entraña del mundo» (pág. 116). ¿No aseguraba Bruno que en su sistema-idioma todo podía servir para designar cualquier cosa de la totalidad de las cosas, que de todo se sacaba todo, y, en suma, que todo estaba en todo? ¿No pretendía el filósofo napolitano unificar las potencias del espíritu, a fin de armonizarlas, integrarlas y ponerlas en condiciones de penetrar en el fondo del Ser indivisible y uno, en la medida que esto es posible al hombre? También Bruno podía haber suscrito la frase que, una página después del párrafo que acabamos de transcribir, dice: «Desde aquel momento soy de la creencia que nuestro juego regio es en realidad una *lingua sacra*, un idioma sagrado y divino». Lengua universal llámase después al Juego de los Abalorios, y, también, preciso es decirlo, «ingeniosa taquigrafía», ya que eso era para quienes lo empleaban como una especialidad interesante y divertida, como un «deporte intelectual o concurso de vanidades» (pág, 121).

A semejanza del método bruniano de la memoria, el Juego de los Abalorios, dice Hesse, no es filosofía ni religión, sino que constituye una disciplina propia y presenta cierto parentesco con la mayoría de las artes, y agrega: «El filósofo Kant –no es ya muy conocido, pero fue una cabeza de primer orden– ha aludido al filosofar teológico como a "una linterna mágica de quimeras cerebrales". No debemos convertir nuestro juego de abalorios en esto» (pág. 137-138).

Hesse parece volver sobre el carácter mnemónico del Juego al contar que una vez que se puso a meditar José Knecht, como experto 'abalorista', acerca de ciertas cuestiones relativas al Juego y su Orden castalia, «sus consideraciones partieron de una imagen mnemónica».

No sólo las imágenes están presentes en el Juego de los Abalorios, como parte de su estructura (por la que se asemeja a las artes plásticas), sino que también hay interesantes referencias al uso de lugares, si bien el novelista deja como velado por una penumbra misteriosa ese tema. Cuando José Knecht es nombrado príncipe supremo del *Vicus Lusorum*, centro director y de gobierno de la Orden-estado de Castalia, cuya misión consiste en custodiar su auténtico misterio y símbolo, el Juego de los Abalorios, el nuevo príncipe o, si se prefiere, Josephus III, se afana en preparar un *Ludus solemnis* de su invención, en el que podrá probar su competencia para tan alto ministerio y su sublime modo de «jugar».

Púsose entonces José Knecht a meditar en su juego de investidura, para cuya realización pensó en «sacar las dimensiones y estructura de su juego –y en esto consistía lo artístico de su ocurrencia– del viejo esquema ritual asignado por Confucio a la arquitectura de la casa china: la orientación conforme a los puntos cardinales, las puertas, el muro de los espíritus, las proporciones y disposición de las edificaciones y patios, su coordinación con las estrellas respecto al calendario y la vida familiar, amén del simbolismo y reglas estéticas del jardín» (pág. 237). Ni qué decir tiene que estos diseños arquitectónicos de tipo mandala son equivalentes a los que Bruno asigna a sus atrios, campos, cámaras y sellos.

Tampoco es necesario agregar que el «Juego de la casa china» fue ejecutado con toda la brillantez que cabía esperar del *Magister Ludi*, recientemente elevado a la más alta magistratura de Castalia. Tampoco omitiremos que en la composición de su juego de investidura le prestó a Josephus III una generosa, desinteresada y 'lúdica' ayuda su amigo el maestro Tegularius.

Curioso caso de pervivencia como estímulo de composición literaria y reflexión espiritual, la mnemónica bruniana desapareció, sin embargo, del horizonte histórico como instrumento de cultura y de espiritualidad superior pocos años después de que su autor fuese ejecutado en la hoguera. Por eso, si queremos hacer cábalas sobre el futuro que le habría dispensado una hipotética sociedad-orden que la hubiera asumido, fomentado y engrandecido, hemos de recurrir forzosamente a los buenos oficios de la imaginación literaria. A Hermann Hesse hay que reconocerle el talento e ingenio de haber escrito un pastiche literario de calidad selecta, como pastiche –y excelente pastiche, en verdad– fue el «Juego de la casa china» con que Josephus III solemnizó su elevación al principado de Castalia.

Si José Knecht hubiera sido discípulo y continuador de una hipotética Castalia bruniana, tal vez habría podido escribir, aunque hubiese nacido por el año 2400, aquella frase con la que, según su biógrafo, inició en sus años escolares un cuaderno sobre la importancia y teoría del Juego de los Abalorios:

> La totalidad de la vida –de la física y de la espiritual– es un fenómeno dinámico, del cual el Juego de los Abalorios, en el fondo, representa sólo la faz estética y la concibe preferentemente en forma de procesos rítmicos (pág. 106).

Sentencia elusiva y una pizca misteriosa, que no lo es tanto si se la contempla desde el juego, también elusivo y un poco misterioso, de la memoria bruniana.

CONCIENCIA DE LO PERMANENTE
(VERDAD Y TRADICIÓN EN GADAMER)
Javier Recas

La publicación de *Verdad y método* en 1960 representó en el panorama filosófico contemporáneo la consagración de la hermenéutica como modelo integral de racionalidad, tanto tiempo lastrada por su papel auxiliar de las ciencias del espíritu y de la teología. Cierto es que dicho papel había sido progresivamente cuestionado por Schleiermacher y Dilthey primero, y después, de una manera más radical, por la hermenéutica ontológica heideggeriana, al reivindicar el carácter universal del problema de la comprensión. Pero es, sin duda, a Gadamer a quien cabe el mérito de haber dotado a la hermenéutica de un nuevo y elevado estatus. El filósofo de Marburgo llevó a cabo la tarea de redefinir y asumir conscientemente la herencia de la tradición hermenéutica como un todo, eludiendo, a la vez, el autoimpuesto aislamiento de las duras sendas heideggerianas. Recordemos las palabras de Habermas (*Perfiles filosófico-políticos*): "Gadamer urbaniza la provincia heideggeriana", haciendo de la hermenéutica un terreno transitable, aunque el precio pagado por ello haya sido, sin duda, cierta pérdida del vigor y de la capacidad *des-fundamentadora* del pensamiento radical.

Cabe determinar el propósito de la hermenéutica gadameriana como el intento de restaurar la dimensión originaria de la verdad que caracteriza el impulso reflexivo de la filosofía clásica quebrado en la Modernidad por una triple ruptura: la física en el siglo XVII, el historicismo en el XIX y la escisión entre la comprensión metafísica y la comprensión moderna del mundo protagonizada por la Ilustración. La propia estructura de *Verdad y método* refleja, como nos recuerda G. Vattimo (*Las aventuras de la diferencia*), esta triple intención. En la primera parte de esta obra Gadamer rechaza, en efecto, el modelo metódico-objetivista como ideal del conocimiento histórico; posteriormente generaliza el modelo hermenéutico a la totalidad del saber (tanto a las ciencias de la naturaleza como a las ciencias del espíritu) como su fundamento originario; y, por último, aborda la problemática y significado hermenéutico del lenguaje, que no es sino el sustrato en que se articula la tradición en tanto mediación entre pasado y presente.

La consecuencia fundamental de dicha triple ruptura, fue, a juicio de Gadamer, la extensión de una concepción reduccionista de la verdad, identificada con el control metodológico de las condiciones de objetividad del conocimiento, así como la escisión de la racionalidad en esferas independientes. El propósito de la hermenéutica gadameriana de restaurar la dimensión originaria de la verdad no es, pues, en este sentido, y en definitiva, sino un intento de restablecer el carácter integral de la racionalidad más allá de la malograda síntesis hegeliana entre ciencia y filosofía.

La primera ruptura surgió con el desarrollo de la física en el siglo XVII y su inmediata asimilación como paradigma de todo conocimiento genuino. A partir de ese momento la ciencia empírica moderna moldeó, en exclusiva, el concepto de verdad como un conocimiento objetivo sujeto a estrictos cánones metodológicos. Gadamer no duda, ciertamente, en pronunciarse contra esta pretensión de exclusividad que, en su opinión, no puede ser asumida sino como un reduccionismo en lo que hace al problema de la verdad. Y así, en la Introducción de *Verdad y método* es subrayada programáticamente la radical originalidad del fenómeno de la comprensión frente a los desarrollos del pensamiento objetivante: "El fenómeno de la comprensión –escribe– no sólo atraviesa todas las referencias humanas al mundo, sino que también tiene validez propia dentro de la ciencia, y se resiste a cualquier intento de transformarlo en un método científico. La presente investigación hace pie en esta resistencia, que se afirma dentro de la ciencia moderna frente a la pretensión de universalidad de la metodología científica. Su objetivo es rastrear la experiencia de verdad, más allá del ámbito de control de la metodología científica, allá donde se encuentre, e indagar su legitimación" (*VM*, pp. 23-24), razón por la cual *Verdad y método* comienza con una dilucidación de los contenidos de verdad que alberga la experiencia estética. Sin embargo, este propósito no va en contra de la ciencia como tal. Tan sólo, cabría decir, contra el cientificismo, ya que la hermenéutica no se presenta como una alternativa a la ciencia ni le impone restricciones a su naturaleza, sino que le revela en qué medida la precede y la hace posible. En este sentido, prosigue la estela de la *Crítica de la razón pura* de Kant, quien nunca quiso prescribir nada a la ciencia, sino solo describir las condiciones de posibilidad y validez del conocimiento científico.

Lo que, en el fondo, se está poniendo en juego es la posibilidad de un concepto de verdad que otorgue un sentido global y unitario al mundo, desmembrado tras la quiebra de la imagen metafísico-religiosa en esferas independientes e institucionalizadas de racionalidad. Por esta razón, la exigencia de un concepto de verdad más originario y radical que el defendido por el pensamiento objetivante es también una exigencia de fundamentación de la teoría en la praxis cotidiana en ese "mundo de la vida" (*Lebenswelt*, recordando a Husserl) que constituye el humus germinal de toda configuración de sentido de lo real.

Este planteamiento lleva, lógicamente, a Gadamer a una rehabilitación de la tradición humanista desde Platón y la Stoa hasta el Renacimiento, desde Vico hasta la filosofía moral escocesa y el historicismo del XIX, que a través de conceptos como los de *formación*, *juicio* o *sentido común*, configuraron una concepción no reduccionista de la verdad implicada en la autorrealización integral del ser humano. Desde esta perspectiva puede comprenderse el rechazo gadameriano a la teoría tradicional del conocimiento impulsada por los cánones cognoscitivos del cientificismo y la teoría del conocimiento, característicos de la filosofía de los últimos dos siglos. A partir del momento en que el conocimiento hace pie necesariamente en nuestra precomprensión del mundo, no puede existir un 'punto cero' del saber, un punto arquimédico autoevidente. El problema del conocimiento traslada su eje al ámbito de la razón práctica y con este movimiento queda sustituida la búsqueda obsesiva de una metodología de la certeza que no parecía culminar nunca su preparación del terreno, por una constante y dinámica 'fusión de horizontes' (de intérprete e *interpretandum*) donde se gesta día a día una nueva verdad.

Una segunda ruptura, la provocada por el historicismo, se produjo con el intento de objetivación de la conciencia histórica en la concepción diltheyana de las Ciencias del Espíritu. Su proyecto de reconstruir las condiciones de posibilidad de una verdadera ciencia de la historia (a semejanza de la tarea realizada por Kant con las ciencias naturales) había llevado a Dilthey a comprender la historia, bajo influencia hegeliana, como el conjunto de las objetivaciones del espíritu humano. La tesis hermenéutica de la determinación histórica de la conciencia parecía verse, así, explicitada y desarrollada mediante el análisis objetivo de los plexos epocales de configuración del sentido. La conjugación, sin embargo, de esta tesis del condicionamiento histórico de la conciencia con la constitución de un saber histórico objetivo llevó al historicismo a aporías insalvables. En efecto: si la historia pretende alcanzar el estatus de ciencia deberá tener un carácter unitario. Esto, por un lado. Pero, por otro, ¿cómo es posible comprender la unidad de la historia universal desde la perspectiva de un ser históricamente limitado? Ante esta aporía Dilthey, que no quiso, como hiciera Ranke, asegurar la objetividad histórica mediante una supuesta traslación empática hasta la mente de Dios, concluyó otorgando a las objetivaciones del espíritu un significado expresivo, no cognitivo. De esta manera, lo que comenzara siendo un proyecto de fundamentación objetiva de las ciencias del espíritu concluyó en una metafásica estética. Pero tanto en un caso como en otro lo que nos importa aquí subrayar es que las aporías del historicismo y sus 'soluciones' metafísicas no son, desde este otro punto de vista, sino el fruto de una concepción desvirtuada de la naturaleza de la historicidad cuyo restringido espectro se ceñía al problema de la objetividad de la conciencia histórica.

Para Gadamer la conciencia histórica no es, en efecto, el resultado de un esfuerzo reflexivo que nos pone en la situación idónea para aprehender objetivamente el fenómeno de la historicidad. Limitarse a ello equivaldría a olvidar que "en realidad no es la historia la que nos pertenece, sino que somos nosotros los que pertenecemos a ella" (*VM*, p. 344). La conciencia histórica es, ante todo, una experiencia dinámica y dialéctica, que se sitúa más allá de la férrea escisión sujeto-objeto, al estar alimentada por los efectos históricos respecto de los cuales es ella misma conciencia. Gadamer denomina a este hecho "conciencia de la historia efectual" (*wirkungsgeschichtliche Bewusstsein*), como más adelante detallaremos. En todo proceso comprensivo se lleva a cabo una fusión de horizontes en la que la tradición es interpretada desde el presente, pero esta interpretación, a su vez, está mediatizada por los efectos históricos de la tradición. Esta concepción no sólo salva las aporías de una razón histórica que pretende objetivar el marco en el que ella misma siempre se encuentra, sino que reclama una nueva dimensión de la verdad porque –escribe Gadamer– "no se trata más de preguntarse si el hombre puede comprender la historia y cómo: si los métodos de la conciencia histórica pueden tener la dignidad de ciencias o no; si la historia, en cuanto tal, está dotada de sentido unitario y total o no. Al contrario, se quiere ver en qué medida es intrínsecamente histórica la comprensión que el hombre tiene de sí mismo, y viceversa, en qué medida, en el comprenderse a sí mismo, el hombre modifica continua e ineluctablemente la propia comprensión de la historia" (*VM*, p. 323).

La hermenéutica gadameriana quiere, por último, restaurar la dimensión originaria de la verdad salvando la ruptura que se produjo con la denominada 'querelle des anciens et des modernes' y su alternativa excluyente entre la comprensión metafísica y la comprensión moderna del mundo. Desde la perspectiva en que se sitúa Gadamer, importa sobremanera reconocer en toda comprensión un momento de continuidad en la tradición, porque "el tiempo ya no es primariamente un abismo que hubiera de ser salvado [...] este era más bien el presupuesto ingenuo del historicismo. [...] Por el contrario de lo que se trata es de reconocer la distancia en el tiempo como una posibilidad positiva y productiva del comprender" (*VM*, p. 367). Como consecuencia de esta productividad hermenéutica de la distancia temporal Gadamer encuentra en el concepto de 'lo clásico' una profunda experiencia de verdad que trasciende las circunscripciones temporales. "Es una conciencia de lo permanente, de lo imperecedero, de un significado independiente de toda circunstancia temporal, la que nos induce a llamar *clásico* a algo; una especie de presente intemporal que significa simultaneidad con cualquier presente" (*VM*, p. 357). En 1962 en una conferencia titulada *Die Philosophische Grundlagen des zwanzigsten Jahrhunderts* (Los fundamentos filosóficos del siglo XX), Gadamer se refiere a los tres grandes interlocutores de nuestro siglo: Platón, Kant y Hegel. Su valor, afirma, radica en haber abierto perspectivas para la comprensión del mundo que por su enorme productividad histórica aún permanecen operantes en la actualidad. Platón, por haber concebido en el *Fedón*, por vez primera, el pensamiento como experiencia lingüística del mundo;

Kant, por haber distinguido entre el *yo pienso* y sus representaciones, es decir, por haber distinguido entre el conocimiento y sus condiciones de posibilidad; y, por ultimo, Hegel por un concepto de Espíritu que trasciende la subjetividad del yo en tanto sujeto o sustrato de la historia.

En ellos se revela una experiencia de verdad que constituye lo que denominamos 'tradición', que ha modelado nuestra apropiación presente del mundo, y que debemos conservar si no queremos convertirnos en una subjetividad vacía y desarraigada de su génesis. En esta dirección inseparable del clasicismo culturalista de la gran tradición alemana (la de Goethe y Schiller) Gadamer defiende el valor reintegrador de los textos clásicos, unos textos en los que culmina el carácter general del ser histórico y a los que, en consecuencia, incumbe el "ser conservación en la ruina del tiempo" (*VM*, p. 359).

Y, con todo, 'tradición' es, para Gadamer, mucho más que pasado; es la propia condición de posibilidad de la reflexión, en tanto que está mediatizada por ella. De ahí que, a sus ojos, la tradición vaya más allá del papel, sumamente importante, sin duda, de puente en la supuesta disyuntiva entre la comprensión metafísica y la comprensión moderna del mundo y se constituya en una instancia transcendental en torno a cuyo eje gira el proyecto de superación de esos tres abismos abiertos en la Modernidad de cara a restaurar la continuidad de la pretensión originaria de la verdad que albergaba la filosofía clásica. En este sentido, el restauracionismo y el clasicismo gadamerianos no constituyen primariamente una opción estética o moral, aunque también venga a manifestarse así tácitamente en su obra y en su tono filosóficos, sino que tienen, en lo esencial, un carácter ontológico que se muestra, ante todo, en la pretensión universal de su hermenéutica. Hay que decir también que las tesis de este restauracionismo hermenéutico no deben confundirse con las sostenidas por una hermenéutica puramente reconstructiva. Como acertadamente constata Paul Ricoeur (*De l'interprétation. Essai sur Freud*), es precisamente en este binomio restauración-reconstrucción donde se ha polarizado el debate contemporáneo sobre la hermenéutica. Frente a una hermenéutica restauradora cuya intención es traer a la luz los olvidados nexos originarios del sentido, una hermenéutica reconstructiva tiene una intención desenmascaradora de los intereses materiales involucrados en nuestras pretensiones racionales de validez.

Como es patente, y se habrá advertido ya, la concepción gadameriana de la verdad tiene una clara filiación heideggeriana, que, por otra parte, Gadamer no sólo reconoce, sino que, más aún, cultiva y prosigue. Y, sin embargo, conviene también subrayar que su propósito de desvelar la auténtica dimensión originaria de la verdad mediante la restauración de la continuidad de la tradición clásica y su experiencia reflexiva difiere notablemente de los planteamientos heideggerianos. La revitalización gadameriana de la tradición del pensamiento occidental como respuesta a la crisis de la Modernidad contrasta, en efecto, con el diagnóstico heideggeriano de la misma en cuanto expresión de ese olvido secular de la pregunta por el Ser que recorre la historia del pensamiento occidental. Una diferencia que, en mi opinión, tiene que ver en gran medida con la innegable influencia hegeliana sobre la concepción que tiene Gadamer acerca de la naturaleza de la conciencia histórica, salvando, claro está, la idea de una síntesis final en una autoconciencia absoluta. Gadamer ha manifestado la necesidad de leer la *Fenomenología del Espíritu* hacia atrás, que es como, a su juicio, fue verdaderamente pensada, es decir, como un proyecto de reconciliación del pensamiento con su génesis mediante la restauración autoconsciente de su historia, entendida como la historia de sus objetivaciones.

El vigor y la renovada pujanza de la hermenéutica contemporánea parte de la conclusión de la analítica existencial desarrollada por Heidegger en *Ser y tiempo* según la cual la comprensión no es un modo más, entre otros, de comportarse el Dasein, sino su modo propio y específico de ser, el fundamento de su mundaneidad. Heidegger inaugura con esta idea la concepción ontológica de la hermenéutica que, en palabras de Gadamer, pasa a designar "el carácter fundamentalmente móvil del estar ahí, que constituye su finitud y su especificidad y que por lo tanto abarca el conjunto de su experiencia del mundo" (*VM*, p. 12), alejándose así del carácter instrumental de la hermenéutica clásica entendida como procedimiento para la correcta interpretación de los textos oscuros. Desde este nuevo prisma el propósito de la hermenéutica no es ya determinar cánones de interpretación textual, ni servir tampoco de procedimiento metodológico específico para las ciencias del espíritu, sino describir cómo comprendemos de hecho. "No está en cuestión –afirma Gadamer– lo que hacemos ni lo que debiéramos hacer, sino lo que ocurre con nosotros por encima de nuestro querer y hacer" (*VM*, p. 10). Y ello porque, al igual que el criticismo kantiano, la hermenéutica gadameriana no quiere prescribir nada al conocimiento, sino determinar las condiciones de posibilidad del comprender implicadas en la totalidad de nuestra experiencia del mundo.

La primera y fundamental característica de la estructura de la comprensión reside en su lingüisticidad. No es nueva la centralidad del lenguaje para la hermenéutica. Esto fue así desde sus mismos comienzos, cuando, concebida como el arte de la interpretación, tenía como problemática fundamental la comprensión de las dificultades lingüísticas de los textos eminentes. O más adelante cuando, al hilo de la hermenéutica romántica de Schleiermacher, y a pesar de la ampliación de la problemática más allá de la interpretación textual, no dejó de ser concebida desde una perspectiva lingüística en su misma intención central: la de determinar la correcta interpretación restituyendo, por traslación empática a la intención del autor, el verdadero sentido que todo texto busca comunicar. Con todo, hasta la consumación del viraje ontológico de la hermenéutica heideggeriana el lenguaje no pasó de ser un mero instrumento en función de la comprensión de la verdad, respecto de la cual mantenía una relación externa. Para Gadamer, en cambio, el carácter lingüístico de la comprensión define intrínsecamente la propia experiencia hermenéutica en un sentido transcendental. A pesar de la crítica heideggeriana al enfoque transcendental kantiano en el problema del conocimiento, Gadamer no renuncia a él, reconstruyéndolo desde el principio mismo del desvelamiento fenomenológico. Un enfoque, por lo demás, que, a su juicio, igual que para K. O. Apel, frente a la interpretación de K. Löwith, es innegable en las proposiciones heideggerianas sobre la comprensión. En la proposición "esto es un ente", Heidegger distingue lo que se muestra en el "es" y lo que se muestra en el "esto". En este último se revelan aspectos empíricamente determinables (ónticos), en tanto que en el "es" de una proposición lo que se desvela es la comprensión del ser que de forma previa y concomitante acompaña a todas nuestras determinaciones ónticas. Esta precompresión del ser implícita en el lenguaje es, a juicio de Gadamer, tanto para Heidegger como, en otro sentido, para Kant, la condición transcendental de posibilidad del dársenos de los objetos. Al igual que el juego no se agota en la conciencia del jugador, "el lenguaje –afirma Gadamer– tampoco se agota en la conciencia del hablante y es en esto también más que un comportamiento subjetivo" (*VM*, p. 19). Una idea extraída de la tesis heideggeriana según la cual cabe decir que no somos nosotros los que hablamos, sino que, en un sentido profundo, es el lenguaje el que habla a través de nosotros. Con lo que, obviamente, se rechaza la concepción meramente instrumental del lenguaje, que lo reduce a su función objetivante, designativa, en favor de su carácter transcendental. "La lingüisticidad es tan totalmente inherente al pensar de las cosas que resulta una abstracción pensar el sistema de las verdades como un sistema previo de posibilidades del ser, al que habrían de asignarse los signos que utiliza un sujeto cuando echa mano de ellos" (*VM*, pp. 500-501). Por ello, nuestra auténtica experiencia lingüística del mundo (la auténtica experiencia hermenéutica, en sentido gadameriano), no reside en nuestra competencia gramatical para hablar de él, sino en el descubrimiento de que el ser, para decirlo con Heidegger, habita en el lenguaje. O bien, dicho en términos gadamerianos, que en el lenguaje se expresa y sedimenta nuestra apropiación del mundo. Gadamer define sintéticamente en una afortunada y ya célebre expresión la condición universal de la experiencia hermenéutica en tanto que experiencia lingüística: "el ser, que puede ser comprendido, es lenguaje" (*VM*, p.

68

567), nos dice. Como bien observa Vattimo en *Las aventuras de la diferencia*, la correcta comprensión de esta tesis debe tener presente que la expresión: "el ser, que puede ser comprendido, es lenguaje" debe leerse respetando las comas, pues es en tal sentido como se garantiza la condición universal del carácter lingüístico de la comprensión. De otro modo nuestra lectura se resolvería, bien en la constitución de una mera tautología —en orden a lo que sólo el ser susceptible de comprensión devendría lenguaje, a diferencia del ser que no es lenguaje porque no puede ser comprendido—, bien, menos inocuamente, en una lectura en clave diltheyana de acuerdo con la que sólo el ser que puede ser comprendido, en oposición al que puede ser causalmente explicado, es lenguaje, y tiene, por ello, relevancia hermenéutica.

Cabe, con todo, seguir interrogándose acerca del estatuto efectivo de la postulada relación entre lenguaje y comprensión. La afirmación de que "el ser, que puede ser comprendido, es lenguaje" puede ser, en efecto, entendida como expresión de un idealismo extremo, metafísicamente insostenible, según el cual no existiría nada más que lenguaje. Gadamer es, sin duda, consciente de esta posible interpretación (prólogo a la segunda edición de *VM*, p. 17), pero invita a desecharla en nombre de una adecuada intelección del carácter de la experiencia hermenéutica. Una experiencia que debe ser, ante todo, reconocida como experiencia comunicativa en el preciso sentido de que la comprensión y la verdad sólo podrán resultarme posibles de considerar yo lo que está frente a mí como un interlocutor que tiene algo que decirme. La tesis de que "el ser, que puede ser comprendido, es lenguaje", hace, en efecto, referencia a nuestra experiencia radical del ser, que se nos hace presente en y por el lenguaje. Pero un hacerse presente que –convendría no olvidar– no es sino el presentarse de la cosa misma a la que nuestra subjetividad debe dejar hablar. En este sentido afirma Gadamer: "Ninguno de los dos –lenguaje y comprensión– puede ser nunca simple objeto, sino que ambos abarcan todo lo que de un modo u otro puede llegar a ser objeto" (*VM*, p. 485). O dicho de otro modo, la experiencia hermenéutica en tanto experiencia comunicativa es el resultado de la constante fusión de los horizontes del intérprete y el *interpretandum*. Pero en esta fusión ambos horizontes son dinámicos, se transforman mutuamente alcanzando así una síntesis superadora de sus respectivos perfiles iniciales que no es sino lo que denominamos "comprensión". El horizonte de la tradición, a la que pertenece el *interpretandum*, condiciona el horizonte del intérprete (horizonte del presente), mediante la compleja trama de sus efectos históricos, en tanto que, a su vez, el horizonte del presente, así condicionado, reinterpreta aquel dándole un nuevo significado, a la vez que modifica con ello su futura incidencia histórica. En este sentido, la comprensión se ve abocada a reconocer en todo momento su condición temporal, o para decirlo con Gadamer, a tomar conciencia de su historia efectual (*wirkungsgeschichtliche Bewusstsein*). "La comprensión –afirma– es una forma de efecto, y se sabe a sí misma como efectual" (*VM*, p. 414), al estar constituida por los efectos de la tradición histórica de la cual es conciencia.

Gadamer encuentra en el esquema hegeliano de la unidad de la identidad y la diferencia el modelo que define la estructura hermenéutica de la conciencia como conciencia de la historia efectual. Tanto para Gadamer como para Heidegger la *Fenomenología del Espíritu* hegeliana tiene el valor de haber descrito paradigmáticamente la estructura de la conciencia como un proceso de autoformación a través de sus sucesivas experiencias. Según este esquema, la comprensión no es sino el proceso mediante el cual el objeto, que parte como la alteridad radical de la conciencia, es reconocido, finalmente, como un elemento inescindible de ella misma, coimplicados ambos, objeto y conciencia, en el trabajo unitario de formación del sentido.

Pero el concepto de historia efectual tiene también otro importante papel en la determinación de la condición universal de la comprensión. Si reconocemos que la comprensión está siempre mediatizada por los efectos históricos de nuestra tradición, deberemos concluir que la temporalidad no es algo extrínseco a ella, sino su propia condición tanto de posibilidad como de la validez, según veremos.

Gadamer vuelve a Hegel, una vez más, para defender el carácter intrínseco, no instrumental, de la temporalidad en el proceso de comprensión. Frente al objetivismo de la hermenéutica historicista que exigía a la comprensión, por analogía con la metodología científico-natural, la superación de la distancia temporal con el fin de enfrentarnos al objeto en su mismidad descontaminada de subjetividad, para la hermenéutica ontológica gadameriana, como también lo fuera para Heidegger, "el tiempo ya no es primariamente un abismo que hubiera de ser salvado", sino "una posibilidad positiva y productiva del comprender" (*VM*, p.367).

Es en este marco donde podemos comprender la dimensión transcendental del concepto de "tradición". La tradición que podemos definir como el sustrato histórico de nuestra experiencia lingüística del mundo no está ante nosotros como un dato más, sino que somos nosotros los que estamos ineludiblemente inmersos en ella, sujetos a sus efectos, y en tal sentido forma parte de las condiciones mismas de posibilidad del comprender.

No han faltado las críticas a este concepto ontológico de tradición. Uno de los debates más fructíferos e interesantes del pasado siglo giró en torno a él y sus consecuencias para la concepción general de la hermenéutica. (Este debate se puede seguir en K. O. Apel et alii, *Hermeneutik und Ideologiekritik*, 1971). Habermas, Apel o Wellmer, entre otros, objetaron a

Gadamer que la tesis de la pertenencia estructural de la comprensión a la tradición no justifica la legitimidad y autoridad de la tradición. Identificar la comprensión hermenéutica con la continuación de la tradición es subestimar la dimensión reflexiva y crítica de la misma. La defensa incondicional de la tradición, en cuanto presupuesto de toda comprensión, sitúa a Gadamer, a juicio de sus críticos, en una postura preilustrada, en la que, en definitiva, la fuerza de los prejuicios y la autoridad de la tradición prevalecen, una vez más, frente a la fuerza de la razón.

Para Gadamer, sin embargo, esta acusación es el fruto de una falsa oposición entre tradición y razón, y, por tanto, totalmente infundada. La rehabilitación de conceptos como tradición, prejuicio y autoridad, debe entenderse, a su juicio, en el estricto marco de una concepción ontológica de la verdad que se mueve, por tanto, en un estadio previo a cualquier planteamiento valorativo. Son conceptos que no representan sino el marco de las condiciones de posibilidad de la comprensión, frente al carácter peyorativo que actualmente poseen y que procede precisamente de la mencionada escisión antigüedad-modernidad generada por la autocomplacencia racional de la Ilustración. La autentica autoridad no emana de ningún tipo de autoritarismo; es, al contrario, la autoridad de la razón. El prejuicio, por otra parte, no es fundamentalmente superstición ni irracionalidad, sino, en sentido positivo y originario, la pre-comprensión de la que siempre partimos ("los prejuicios de un individuo son –afirma Gadamer– mucho más que sus juicios, la realidad histórica de su ser" (*VM*, p. 344). Y, finalmente, la tradición no es, en sentido estricto, oscurantismo, sino el sustrato en el que hunde sus raíces toda nuestra actividad racional.

Retomando el análisis del valor hermenéutico de la distancia temporal, mencionábamos antes su relevancia, no sólo como condición de posibilidad de nuestra comprensión, sino como condición asimismo de su validez, de lo que denominamos, en un sentido que enseguida matizaremos, "objetividad". "La distancia –afirma Gadamer– es la única que permite una expresión completa del verdadero sentido que hay en las cosas. Sin embargo, el verdadero sentido contenido en un texto o en una obra de arte no se agota al llegar a un determinado punto final, sino que es un proceso infinito" (*VM*, p. 368). O lo que es lo mismo, nuestra objetividad ha de ser constantemente renovada, en tanto fruto de la incesante variación de nuestra distancia temporal frente al objeto. Pero precisamente en este sentido la distancia temporal sirve de filtro respecto a las diversas opciones en liza, posibilitando la objetividad. Sin embargo, esta afirmación no significa que la hermenéutica gadameriana tenga un carácter valorativo o normativo, como es el caso de la hermenéutica, por ejemplo, de Emilio Betti (*Teoria Generale della Interpretazione*), llamada a resolver disputas sobre supuestas correcciones o incorrecciones interpretativas. Ello supondría renunciar a la explícita pretensión gadameriana de universalidad de la hermenéutica. El concepto hermenéutico de objetividad debe ser, por el contrario, entendido en el marco estrictamente ontológico. Es decir: desde la tesis de que ningún criterio de objetividad puede sustraerse a la historicidad, de modo que el único "criterio" admisible y disponible es el ofrecido por la propia productividad temporal, siempre operante.

Para finalizar, unas palabras sobre la relación de la verdad con la praxis. Uno de los propósitos que con mayor fuerza han motivado la orientación de la obra gadameriana ha sido su intención de enlazar la hermenéutica ontológica con la tradición de la filosofía práctica. La tesis en que culmina este propósito se concreta en la defensa gadameriana de la naturaleza práctica de toda comprensión del sentido. O, dicho de otro modo, en la idea de que la comprensión del sentido está orientada con necesidad trascendental a la praxis. Una tesis que, dicho sea de paso, constituye, a juicio de Habermas, en *La lógica de las ciencias sociales*, uno de sus críticos más implacables, el rasgo más positivamente provocativo de la hermenéutica gadameriana frente a perspectivas como el historicismo, la fenomenología o el análisis lingüístico.

Gadamer parte de la antigua distinción hermenéutica entre *subtilitas intelligendi* (comprensión), *subtilitas explicandi* (interpretación) y *subtilitas applicandi* (aplicación). A diferencia de la hermenéutica clásica, sin embargo, no otorga a estas operaciones el papel de etapas autónomas, sino que las asume como un proceso unitario con sus tres elementos absolutamente interrelacionados. Ya la hermenéutica romántica de Schleiermacher había llevado a cabo la fusión entre comprensión e interpretación, desde luego, pero dejó completamente desconectado el momento de la aplicación, que era percibida como una mera posibilidad ulterior. "Sin embargo –escribe Gadamer– nuestras consideraciones nos fuerzan a admitir que en la comprensión siempre tiene lugar algo así como una aplicación del texto que se quiere comprender a la situación actual del intérprete" (*VM*, p. 379). "La reflexión hermenéutica –afirma tajantemente– no puede separarse de la práctica hermenéutica" (Replik zu "Hermeneutik und Ideologiekritik" en *Kleine Schriften*, IV, p. 128). Tal vez sea, por todo ello, el propio concepto gadameriano de "experiencia hermenéutica" la mejor expresión del carácter práctico de toda comprensión del sentido, en la medida en que define el ensanchamiento del horizonte personal traducido en una nueva relación práctica con el mundo que acompaña a todo incremento de comprensión. Es por ello que para Gadamer la hermenéutica es, ante todo, filosofía práctica, del mismo modo que la verdad en ella está implicada es un saber práctico, en el sentido estricto del término. De ahí la necesidad de considerar la obra de Gadamer como uno de los pilares fundamentales de la actual rehabilitación de la filosofía práctica, por mucho que esta rehabilitación no tome directamente su impulso del marco filosófico de la Ilustración, como hacen las grandes líneas de la filosofía práctica contemporánea, sino de la gran tradición clásica representada paradigmáticamente por la ética aristotélica y sus conceptos de *praxis* y *phrónesis*. Gadamer rescata una vez más, ahora en lo que hace al restablecimiento de la dimensión práctica de la verdad que involucra la experiencia hermenéutica, el valor de la tradición clásica.

En opinión de Gadamer "el análisis aristotélico se nos muestra como una especie de modelo de los problemas inherentes a la tarea hermenéutica" (*VM*, p. 396). En primer lugar, por su concepción de la mutua interrelación entre lo particular y lo general según la cual los fines que orientan nuestra acción están intrínsecamente unidos a los medios concretos para su realización. Similarmente, el intérprete que busca la comprensión de algo (su sentido general) no lo podrá hacer –según Gadamer– ignorándose a sí mismo, o lo que es igual, ignorando la situación concreta de la que parte su interpretación. Esto le aleja de todo formalismo moral, al que acusa de incurrir en un universalismo abstracto que desvirtúa la naturaleza del auténtico saber práctico, necesitado siempre de concreciones, y llamado, en consecuencia, a confirmarse como tal en la inmediatez de cada situación dada. "El bien humano es algo –afirma en clara referencia a las éticas dialógicas– insertado en la práctica humana, y no puede determinarse sin la situación concreta en la que se prefiere una cosa y no otra. Solo en eso, y no en un acuerdo contrafáctico, consiste la experiencia crítica del bien" (Replik, p. 141). En segundo lugar, para Aristóteles no existe un "saber puro" desvinculado de implicaciones vivenciales porque, en definitiva, todo saber es siempre un "saberse". En el mismo sentido la hermenéutica gadameriana rechaza todo objetivismo a cuya luz el saber, y por ende la verdad, sean asumidos como una tarea estrictamente teórica, sin influencia directa sobre nuestra conducta. En esta perspectiva encaja el interés gadameriano por el concepto husserliano de *Lebenswelt* como primer intento sistemático de investigar el marco existencial del conocimiento teórico. Y, en tercer lugar, la filosofía práctica aristotélica representa un verdadero modelo para la correcta comprensión de lo que ha de entenderse por "praxis", un modelo capaz de coadyuvar a la superación del reduccionismo cientificista que ha caracterizado la comprensión moderna de la misma. La praxis no puede, a ojos de Gadamer, identificarse con la mera aplicación de la teoría, o lo que es lo mismo, no hay que confundir *praxis* con *techné*. La hermenéutica, como en su día la filosofía práctica aristotélica, es un saber de aplicación en un sentido completamente distinto, en un sentido integral, en el que la praxis se identifica con la realización de la vida (*energeia*) del ser viviente en su más amplia generalidad.

HUMANISMO, RENACIMIENTO
Y MODERNIDAD: UNA APOLOGÍA
Francisco Martínez Cuadrado

Antes de que los poetas invitaran a las muchachas a coger las rosas de la juventud y a gozar el presente con intensidad; antes de que Pico de la Mirandola primero y nuestro Fernán Pérez de Oliva después se lanzaran a la defensa de la dignidad del hombre; antes de que las estancias aristocráticas se llenaran de fábulas mitológicas, y poemas y novelas, de ninfas, pastores e idilios; antes de que Maquiavelo creara la razón de Estado en un libro atiborrado de citas clásicas; y antes de que Cicerón y Séneca se usaran como libros de autoayuda, el humanismo fue simplemente una revolución filológica. Y ni siquiera la iniciaron los *grammatici*. El redescubrimiento del Derecho Romano en la Universidad de Bolonia, a la que siguió su rival y vecina Padua, llevó al estudio exhaustivo de la lengua latina. Glosadores y comentaristas de los códigos justinianeos, notarios y doctores en Derecho extendieron su interés por las leyes romanas a todo el ámbito cultural que alumbró la lengua latina. Las primeras ediciones notables de clásicos con rigor filológico hasta entonces desconocido proceden de dos notarios de Padua: Lovato Lovati y su discípulo Albertino Mussato. Estamos todavía en el siglo XIII. En el siguiente, Francesco Petrarca se convertirá ya en el primer gran humanista: hijo de notario, estudiante de

Derecho en Bolonia, no solo es el autor del *Canzoniere*, sino de una extensa obra latina y de una edición crítica de las *Décadas* de Tito Livio.

Más adelante, siglo XV, será la hora de los gramáticos, a los que el camino andado les resultaba, sin embargo, insuficiente. Para entonces ya estaba muy claro –lo estuvo en realidad desde el principio– que la recuperación de la lengua de Roma iba estrechamente ligada a la de las disciplinas humanísticas, los *studia humanitatis*. Lorenzo Valla, proclamaba en el prólogo de sus *Elegantiae linguae latinae* (1441):

> Hace ya muchos siglos que nadie no solo no habla latín, sino que ni siquiera lo entiende cuando lo lee; los estudiosos de la filosofía no han entendido ni entienden a los filósofos, ni los abogados a los oradores, ni los leguleyos a los jurisconsultos, y los demás lectores los libros de los antiguos; como si una vez perdido el Imperio romano [...] pareciera conveniente que el resplandor de la latinidad estuviera en desuso por la herrumbre y el paso del tiempo.

De ahí su propósito de renovar los estudios de latín, basando su gramática en la lectura de los autores clásicos.

En España esta reforma del estudio del latín la protagonizará Elio Antonio de Nebrija (*Introductiones latinae*, 1481), con el convencimiento de que dicha lengua era la puerta para el "conocimiento de todas las artes que dicen de Humanidad, porque son propias del hombre en cuanto hombre". Por eso no se limitó a escribir la gramática, sino que publicó sendos diccionarios de términos latinos de Derecho civil y de Medicina y dejó inéditos otros dos de Cosmografía. No fueron bien recibidos por sus destinatarios, que veían mal ser corregidos por un simple *grammaticus*, la categoría más baja de la carrera académica. Sus conocimientos filológicos le llevaron también a enmendar ciertos pasajes de la Vulgata, que, pese a ser irrelevantes para la doctrina cristiana, lo pusieron bajo sospecha de la Inquisición, que retrasó hasta dos veces su publicación.

A la altura de 1600, Baltasar de Céspedes (*Discurso de las letras humanas, llamado El Humanista*) ya dejará claro que no puede llamarse humanista al simple maestro del latín, sino al que teniendo un conocimiento profundo de dicha lengua puede comprender y desentrañar lo más profundo de los *auctores*, y a través de ellos transitar por todas las disciplinas que ilustraron los clásicos, no solo las lingüísticas y literarias, también Historia, Filosofía natural, Matemáticas, Música, Astronomía, Medicina, Derecho civil y canónico, Lógica y Teología. El humanista aspira así a convertirse en un verdadero *homo universalis*.

Todo lo que llamamos Renacimiento, con su colofón barroco, no habría existido sin la revolución humanista y su restauración de las letras humanas: la cúpula de Brunelleschi, la *dolce prospettiva* de Paolo Ucello, el Estado moderno, los viajes de Colón y de

Vasco de Gama, los mecenas, la Academia platónica de los Médici, las primorosas ediciones –áncora y delfín– de Aldo Manuzio, la religiosidad interior de Erasmo, pero también la Biblia de Lutero, la cosmografía de Galileo, escrita en hermoso diálogo humanista, las disecciones de Vesalio y los teatros anatómicos, el método de Descartes, el *Orfeo* de Monteverdi y el "Lamento de Dido" de Purcell, los mármoles de Miguel Ángel, El Escorial, la *Venus del espejo*. Y, claro, también las églogas de Garcilaso, las odas de fray Luis de León, la *Epístola moral a Fabio*, el viaje lucianesco de don Quijote y Sancho a lomos de Clavileño, o la *Fábula de Polifemo y Galatea*, de don Luis de Góngora. Porque el renacimiento del clasicismo antiguo propició igualmente el de las lenguas vernáculas y creó el clasicismo castellano. Nuestro clasicismo, nuestra Edad de Oro.

Reivindicar a los clásicos no es, en la actualidad, salvaguardar solo el legado de Virgilio o de Horacio, sino de Cervantes, Quevedo o Calderón y también de Unamuno, Juan Ramón Jiménez o Federico García Lorca. Y, por supuesto, de Dante, Shakespeare, Goethe, Tolstoi o Balzac. Todos, en mayor o menor medida, alimentados con las migajas del festín de Homero.

En realidad, todos los renacimientos han seguido el mismo camino. Interés por la cultura clásica, búsqueda y ediciones mejoradas de textos antiguos, renovación del estudio del latín. Y, a partir del programa filológico, remodelación de las siete artes liberales: el *Trivium* y el *Quadrivium*, las letras y las ciencias: Gramática, Retórica, Dialéctica; Artimética, Geometría, Astronomía y Música. El desarrollo de las disciplinas del *Trivium* dará paso a la consolidación de las Humanidades, los *studia humanitatis:* Gramática, Retórica, Historia, Poesía y Filosofía moral. Y a su lado se producirán el perfeccionamiento del lenguaje jurídico y de las leyes; nuevos sistemas políticos; arte y literatura florecientes; devoción por el saber, desarrollo científico y espíritu crítico.

Ocurrió ya en el renacimiento carolingio (siglos VIII-IX). Se inicia con un proyecto de *renovatio* escolar que aborda una reforma gramatical y ortográfica que acabó fijando el latín medieval como lengua de comunicación internacional en todos los ámbitos: académico, administrativo, científico y literario. Su autor, Alcuino de York, funda también la Escuela Palatina, con la pretensión de convertir la corte de Aquisgrán en una nueva Atenas y dar a los aristócratas y altos funcionarios una educación antes reservada a los clérigos. También refuerza considerablemente las escuelas monásticas, estableciendo una impresionante red cultural que une a las principales abadías europeas: York, Canterbury, Tours, Fulda, Saint Gall, Bobbio, Montecasino... Fruto de todo ello fue la formulación jurídica del imperio carolingio, la letra minúscula carolina, base de nuestra tipografía, el renacer de la poesía neolatina y una producción literaria sin precedentes desde la caída del Imperio romano.

El 'renacimiento del siglo XII' sacó la cultura de los monasterios y la llevó a las ciudades. De ahí el florecimiento de las escuelas catedralicias y sus inmediatas sucesoras, las Universidades con sus facultades de Artes (liberales), Derecho, Medicina y Teología. Su gran logro fue el redescubrimiento del Derecho romano, pero también la poesía de los trovadores y el nacimiento del gótico.

Cada uno de estos renacimientos inaugura una nueva modernidad. El del siglo XII nos trajo el esplendor de la Baja Edad Media; el del XV-XVI, el que llamamos por antonomasia Renacimiento, inaugura la Edad Moderna; y el Neoclasicismo (s. XVIII), el último de ellos, la Ilustración, la Modernidad en la que aún vivimos... o vivíamos hasta hace poco. Sus grandes ideales (razón, libertad, progreso) alumbraron los sistemas democráticos actuales, la libertad de pensamiento y de expresión, el fulgurante desarrollo de la ciencia, los avances tecnológicos, la revolución industrial, los Estados laicos, la Declaración de los Derechos del Hombre...

Sin embargo, a partir de las dos últimas décadas del siglo XX, todo el sistema de valores de esta Modernidad hija de la Ilustración y de la revolución industrial ha sido puesto en cuestión por el movimiento ideológico, social y cultural conocido como Posmodernidad. Configurado en muchos aspectos como una antimodernidad, el movimiento posmoderno explota las fisuras y el desencanto del mundo moderno: el progreso científico y tecnológico no solo ha traído los milagros de la medicina, sino también el peligro de una guerra nuclear, la sobreexplotación del planeta y la degradación del medio ambiente. Su último descubrimiento, la inteligencia artificial, se viene implantando en medio de una gran desconfianza e inquietud, cuando no verdadero pavor a ser controlados por oscuros poderes. Los sistemas liberales han derivado en su vertiente económica a un capitalismo que, si en su lado positivo, conduce al Estado del bienestar, en sus excesos ha aumentado la desigualdad entre personas y países ricos y pobres, provocando hirientes injusticias y movimientos migratorios de inusitada magnitud. La solución marxista (hija también a su manera de la Ilustración) no parece haber remediado el problema. Y el hombre posmoderno se mueve entre el escepticismo frente a toda forma de política y el abrazo de ideas extremistas que no tienen a la libertad como un valor preeminente. De modo que hoy términos como progreso, libertad o razón, no son sentidos ya como realidades alcanzables sino como metanarrativas o relatos de la Modernidad, en palabras del filósofo francés Jean-François Lyotard. Y un relato no dejar de ser un cuento: "Medidos por sus propios criterios, la mayor parte de los relatos se revelan fábulas", escribe Lyotard. El progreso habría sido un gran cuento (*grand récit*) de la modernidad y, con él, la confianza en el saber ilustrado como medio de alcanzar la verdad, la justicia y la paz.

¿Tienen algo que decir las Humanidades en este sombrío contexto? ¿Podrá tener el efecto en nosotros que tuvo el humanismo en los siglos renacentistas? Más fácil es adivinar lo que de su olvido nos pueda sobrevenir y al que parecen contribuir cada vez con más descaro los planes educativos, que mantienen el nombre de las disciplinas pero que las vacían de contenido. Probablemente la tarea de las Humanidades en el mundo actual no sea la de engendrar una nueva modernidad, sino la defensa de los valores modernos en el mundo de la posmodernidad, asediado por la globalización y su contrario el hiperindividualismo, por el consumismo, el control informático, la vuelta a las creencias irracionales, el descrédito de la democracia y el temor a la ciencia y a la tecnología.

Razón, progreso y libertad son valores que todavía merece la pena defender hoy. Si una edición crítica de Tito Livio pudo engendrar, paso a paso y a su tiempo, todo el esplendor del Renacimiento, ¿por qué no seguir confiando en que nuestros poetas y artistas, nuestros historiadores, filósofos y científicos, del pasado y del presente, a veces siguiéndolos, otras contradiciéndolos, aviven la llama de nuestro pensamiento? Solo cultivando los valores humanistas podremos defendernos de la amenaza totalitaria que los cambios sociales, los extremismos, fundamentalismos e ideologías autoritarias de todo signo proyectan sobre nosotros. Pues si hay un don que nos hace verdaderamente humanos ese es el espíritu crítico, quizá el verdadero regalo que nos trajo Prometeo en su antorcha. Para que no se extinga habrá que seguir alimentando la llama con el mejor combustible: papel y tinta. "Libros, quien os conoce y os entiende/¿cómo puede llamarse desdichado?", escribió Lope de Vega. Y también "quien lo probó, lo sabe".

LA LUZ VERTICAL
Carlos Rodríguez Estacio

Partimos en este texto de la distinción entre culturas (venturosamente distintas) y civilización (esencialmente única y transversal a todas las culturas). Serían rasgos típicamente civilizatorios la concepción universalista del ser humano, la prioridad ético-ontológica del individuo, la necesidad de globalizar los derechos humanos, la separación entre lo privado, lo social y lo público, el modelo democrático liberal, el valor concedido a la libertad de expresión, la dignidad del concreto humano, la racionalidad política fundante, la enseñanza basada en el conocimiento, etc.

Pues bien, estas conquistas forjadas a través de los siglos, se hallan hoy en franco retroceso frente a fenómenos como los nuevos autoritarismos, la *realpolitik*, los identitarismos, los nacionalismos, los totalitarismos, los populismos, la posverdad, los decolonialismos indigenistas, el posmodernismo *woke*, etc. Sin duda, nos han tocado "tiempos interesantes" en el sentido de la maldición china (igual que hace un siglo, un paralelismo que va más allá de la mera coincidencia cronológica).

Aquí indagaremos únicamente las causas culturales de esta corrupción y lo finalizaremos proponiendo al menos una dirección de salida.

La dimisión de la escuela

Tradicionalmente la escuela tenía encomendada la más alta función social: la transmisión del conocimiento. En nuestros días, sin embargo, sus tareas se nombran mejor como asistencia social, centro recreativo o parque temático. Esta dimisión se produce en el momento más inoportuno, pues el niño, casi desde que nace, se ve envuelto en una vorágine visual que atrofia su imaginación natural, distorsiona su capacidad de atención, perturba su sentido de la realidad y angosta su repertorio del gusto.

Este empobrecimiento de su capacidad simbólica le incapacitará para disfrutar de los mejores frutos del espíritu humano. La pérdida es irreparable, pues los clásicos nos permiten "acceder a un lugar en el que las fronteras, las creencias, los prejuicios de parroquia o de época no falsean la mirada; desde ese punto de contemplación se ve más claro en uno mismo y en el fenómeno humano" (Marc Fumaroli). Haber tenido contacto temprano en la escuela con este horizonte civilizador (sobre cuyo fondo cobran sentido la vida, sus sorpresas y sus sufrimientos) constituye un privilegio que hemos tirado por la borda justo cuando se daban las mejores posibilidades para su transmisión.

Esta ruptura con la riqueza cultural del pasado es una actitud completamente nueva en la historia de la humanidad (obviamente aquí operan otros factores en los que no podemos detenernos, como el desprestigio de la tradición y de la autoridad). Ni las mayores revoluciones históricas, al menos en Occidente, habían acarreado una desconexión de esta magnitud con el pasado. En la actualidad domina un *presentismo* que nos hace menospreciar la voz de los muertos (en realidad, la voz de cualquiera no joven; ser viejo ya no significa aquel que acumula experiencia sino una suerte de inmigrante en el tiempo). Todo queda absorbido por lo actual, por lo nuevo. Esto que ha dado en llamarse 'apertura a la vida' (un concepto central en la enseñanza de hoy) no es sino el cierre del presente sobre sí mismo. Alain Finkielkraut llama a esta actitud "etnocentrismo del presente". Y plantea cómo las tres condiciones de posibilidad de comunicación con los muertos —silencio, soledad, lentitud— han sido simultáneamente abolidas.

Si los libros nos aislaban de las algarabías del presente y preservaban el sitio inviolable del pasado, su sustituto (la pantalla) nos devuelve constantemente al presente y dispersa nuestra atención en las incesantes solicitaciones de la Red. El proyecto civilizado, que consistía en una vida privada infranqueable y en un debate público argumentado, ha sido derrocado por una obscena mezcolanza entre lo público y lo privado caracterizada por el narcisismo exhibicionista, el ruido, las manipulaciones, el identitarismo y la banalidad.

Todo esto se ha producido, además, en el curso de muy pocos decenios. El patrimonio simbólico y moral de la civilización que se transmitía y renovaba de época en época, ha sido degollado de una manera menos brutal pero igual de drástica que en las revoluciones culturales china o camboyana. Se sustituye por un modelo comunicacional que abomina de cualquier rango. En nombre de la tolerancia, se arrasa cualquier jerarquía espiritual, moral y estética. La alta cultura se identifica, torticera y nada inocentemente, con cultura de clase. Y eso lleva a equiparar a Sófocles, Cervantes o Shakespeare con la cultura del puchero o del tambor rociero ("¿Para qué explicar a los alumnos Platón o Pericles, que nada tienen que ver con su mundo? Lo que se les debe enseñar es El Rocío como elemento cohesionador del entorno". Estas son palabras literales de un responsable educativo). Al proclamarse el mismo valor emancipatorio de cualquier contenido, la conclusión inevitable es que se deben elegir aquellos más apegados a cada contexto. Sin entrar en las consecuencias clasistas, esto implica derogar la esencia misma de la educación: *educere* significa etimológicamente conducir fuera de la ignorancia, de la barbarie, para iniciar la vida libre, creativa y personal del espíritu, que solo es posible de la mano de las obras maestras clásicas.

El triunfo de la noluntad

Una vez expuesta la obstrución del ejercicio de la libertad por omisión, veamos ahora lo mismo por acción. Es lo que ha dado en llamarse *cancel culture* (con ese abuso típicamente contemporáneo en el empleo de la palabra 'cultura'; ¡hasta una cultura de la violación existe!).

Según Greg Lukianoff y Jonathan Haidt, existen tres grandes dispositivos teóricos que conducen a la cultura de la cancelación. Los tres son falsos, dominantes y tóxicos: 1) La falsedad de la fragilidad: lo que no te mata te hace más débil; 2) La falsedad del razonamiento emocional: confía siempre en tus sentimientos; 3) La falsedad del «nosotros contra ellos»: la vida es una batalla entre las buenas personas y las malvadas. Veámoslos con mínimo detenimiento.

Nassim Taleb expuso en su libro *Antifrágiles* que la psique humana no es, ante todo, ni frágil (quebradiza) ni resiliente (capaz de sobreponerse) sino antifrágil: necesita, como nuestros músculos o nuestro sistema inmune, estresores y desafíos para crecer y dar lo mejor de sí. La enseñanza actual sigue un patrón opuesto. No hay más que evocar los *safe spaces* de las universidades norteamericanas, que traicionan todos sus ideales fundacionales. Este intento contranatural de evitar a toda costa la frustración, el conflicto o la disonancia cognitiva, viene a completar el liberticidio operado por la volatización de los contenidos en la enseñanza: a la amputación del poder de la inteligencia se une ahora la de la voluntad y los afectos libres. El desarme es completo.

La 'cultura de la dignidad' de antaño establecía que las personas tienen dignidad y valor al margen de lo que otros piensen de ellas; por tanto, carece de sentido sobrerreaccionar ante desprecios leves. Todo esto salta por los aires con la actual 'cultura de la vulnerabilidad', que aúpa a la víctima como el nuevo héroe de nuestro tiempo y propugna que cualquier cosa que ofenda a alguien constituye una agresión, aunque no exista la menor intención de dañar.

Pasemos al último factor: la activación del interruptor tribal. Se puede describir el proceso de civilización como una desactivación progresiva de este mecanismo atávico para fomentar el sentido de la humanidad común. El nacionalismo de los siglos XIX y XX frenó esa tendencia. Y el populismo del siglo XXI ha expandido el identitarismo excluyente a todos los ámbitos de la convivencia.

La insoportable (y peligrosa) levedad del no ser

Los antecedentes últimos se encuentran en la noción de hegemonía cultural de Antonio Gramsci, pero el verdadero punto de partida de la nueva izquierda se encuentra en el ensayo *La tolerancia represiva* de Herbert Marcuse (1965). En él, defendía que una tolerancia indiscriminada era represiva. A partir de una concepción maniquea (la derecha representaba siempre el odio y la izquierda, la humanidad), proponía vulnerar las reglas del juego de la democracia liberal; por ejemplo, negando derechos básicos a las personas conservadoras o aplicando medidas que él mismo consideraba agresivas o discriminatorias. Según él, cuando una mayoría de la sociedad está siendo reprimida, es justificable utilizar la "represión y el adoctrinamiento" para permitir que la "mayoría subversiva" alcance el poder que merece.

En nuestros días, Ernesto Laclau y Chantal Mouffe han completado ese programa a través de la fragmentación social (según el esquema de opresores *vs.* oprimidos) y la capitalización del malestar. Como dice Laclau, "el populismo no es en sí ni malo ni bueno: es el efecto de construir el escenario político sobre la base de una división de la sociedad en dos campos". Su objetivo es alcanzar la hegemonía política sin más. Una suerte de totalitarismo líquido… que liquida la política (al menos tal como fue ideada por los promotores del Estado moderno).

Supremacismo ético-político, legitimidad para la intolerancia y establecimiento de un fin que justifica cualquier medio. Ahí están las bases desde los que se generan todas las coartadas para ejercer la intimidación y la violencia. Las agresiones son siempre en defensa propia, responden a una provocación previa, se presentan como la única manera de combatir un sistema todopoderoso e injusto, etc. Y que se concreta en lemas tan antipolíticos como: "vosotros, fascistas, sois los terroristas", "con el fascismo no se dialoga, se le combate", etc.

Estas herramientas conceptuales criminógenas se han alzado principalmente en nombre de la izquierda, pero nada impide que la derecha, *mutatis mutandis*, se aproveche —como ya han hecho Bolsonaro, Milei o Trump— de estas consignas simplistas y divisivas, que recaen sobre unos jóvenes que han recibido una enseñanza envasada al vacío y a los que, por tanto, se les ha privado de la experiencia de la libertad (solo podemos ser libres mientras nuestras mentes también lo sean). A muchos de ellos se les puede aplicar lo que Unamuno decía de Millán Astray, "no es que su cabeza esté vacía, es que está llena de vacío". Y, por tanto, pueden embestir en cualquier dirección.

Empezar a salir de aquí

En primer lugar, es necesario un retorno a la realidad, algo así como una toma de tierra para evitar ser fulminado por las muchas sobrecargas en curso. Nuestros niños crecen en una suerte de burbuja virtual, sin responsabilidad ni exploración personal del mundo y, sobre todo, sin apenas interacciones presenciales (está demostrado, sin embargo, que el juego es esencial para que el cerebro se cablee de manera adecuada). No es extraño que crezcan más lentamente o queden a merced de cualquier ideario enardecido y delirante al carecer del contrapeso que confiere la experiencia propia (por eso los totalitarismos han preferido siemprea los menores o al "hombre nuevo": sin memoria, vivencias ni conquistas personales).

Y es aquí donde la escuela debe dar un paso al frente y tomar el testigo. Condorcet afirmaba: "Agotad todas las combinaciones posibles para asegurar la libertad; si no contienen un medio de ilustrar a la masa de los ciudadanos, todos vuestros esfuerzos serán vanos". Es decir, la democracia tiene como condición de posibilidad la enseñanza. Y esto exige volver a armar una inteligencia crítica que permita comprender el mundo y rebelarse ante sus injusticias. Y eso solo es posible a través del contacto con las mejores creaciones humanas.

Volvamos, pues, a la luz vertical que baja del cielo de los clásicos. Renunciar a ellos, como propugna la nueva pedagogía, no es otra cosa que renunciar al conocimiento, a la civilización, a la forja de ciudadanos críticos y autónomos. En un mundo gobernado por lo fácil, lo inmediato y lo visual, los clásicos han pasado a ser una suerte de peligrosos activistas *antisistema*. Requieren esfuerzo, nos piden distancia, silencio, tiempo, pensamiento, mirar a lo lejos, lectura despaciosa… Justo lo que proscriben los dioses triviales del presente. Por eso, si no lo más urgente, seguro que es lo más necesario volver a implantar la semilla del humanismo en las aulas. Antes de que anochezca.

EL "BUEN RECUERDO"
Javier García Gibert

Uno de los principios caracterizadores de la tradición humanística es la confianza en la capacidad de ennoblecimiento del ser humano y en el aleteo del espíritu dentro de él. El hombre no puede prescindir del tesoro de la cultura humanística, no puede permitirse el lujo (o mejor: no puede rebajarse tanto) de pasar por encima de un Platón, de un Virgilio, de un Petrarca, ni de olvidar los instrumentos de formación que le acercan hasta ellos. Puede apostarse por el eterno retorno del espíritu humanista. Dos de los máximos representantes del humanismo del pasado siglo –cuyo origen judío los predispone a una tradición en la que la inminencia necesaria y salvadora parece demorarse permanentemente–, apuntan, indirectamente, en este sentido. Hannah Arendt resumía la situación afirmando que nuestro presente está "suspendido entre un ya no y un aún no", y años más tarde, George Steiner se refería a lo mismo con acertada metáfora cuando, en la última página de su libro *Presencias reales*, comparaba la situación del mundo actual con "ese largo día del sábado" que, en la tradición cristiana, se encuentra entre el viernes del sufrimiento y de la muerte y el domingo del renacimiento y la resurrección. Un día triste y sin espíritu, pero abocado hacia la esperanza. Puede que el suceso llegue tarde para muchos de nosotros. Puede que estemos entrando otra vez en los siglos oscuros, en una nueva y larga Edad Media de barbarie tecnificada. Puede que la ansiedad galopante de los tiempos digitales, mientras conduzca los destinos del mundo, no reciba nunca con especial agrado esa añeja maceración de sabiduría que ha supuesto siempre el contacto con los clásicos. Y puede que, llevados por el ambiente, los cerebros más dotados del siglo XXI se dediquen a las finanzas, a la ingeniería genética o a la lógica computacional, y no al estudio de la Historia, de la Filosofía, de la Filología, ni al cultivo del espíritu mediante el disfrute de las artes y de las letras.

Pero tampoco falseemos la diferida esperanza: lo que vuelva, cuando vuelva, será tal vez un clima espiritual más propicio, un respeto más sincero por la tradición, una tablas de valores que aproximen los principios humanistas a la marcha del mundo, aunque nunca el reino universal del viejo humanismo, que jamás ha existido entre las mayorías, poco dispuestas a luchar por el Espíritu, como Jacob lo hizo con el Ángel hasta arrancarle su bendición. Por eso tampoco resulta tan grave, tan inusual, la situación personal del viejo humanista en este oscuro interregno, acostumbrado, como lo está, a la dura soledad endurecedora de la minoría, cada vez más dura y endurecedora en los tiempos que corren. En los últimos cien años, y a la vista del ocaso que la tradición humanística experimentaba en el siglo XX, diversos representantes de esa tradición han concebido la situación futura de sus cultivadores en términos de élites marginales, casi clandestinas. Karl Jaspers hablaba de una suerte de "corpus mysticum" integrado por espíritus que mantengan viva la aspiración de cultivarse y constituyan la digna y verdadera esencia del ser humano. E. R. Curtius auguraba la eventualidad de que "la estupidez de los tiempos" obligue a los "anónimos y desperdigados" amantes de la cultura humanística a crear espacios donde "se encontrarán y actuarán en secreto". En varios de sus textos, George Steiner se ha referido a unas imaginadas "casas de lectura" donde se reúnan las excluidas minorías que en el futuro se dedicarán a estudiar la tradición humanística. "Resistentes", "centinelas", "emboscados", "catecúmenos", han sido algunos de los calificativos que han descrito la situación del humanista en el siglo XX, y que, desde luego, aún cobran más sentido en el XXI.

Pero, en realidad, y como decíamos, el verdadero humanista no debiera sufrir demasiado con ello, pues sus lecturas le han acostumbrado a esa sensación de "extrañamiento cronológico" que ya experimentaba Petrarca. También él se sentía perdido en la frontera con la barbarie, como ese maduro magistrado que en la novela de Coetzee, *Esperando a los bárbaros*, sobrevive, leyendo a los clásicos y clasificando piezas de arqueología, en los confines de una civilización que se comporta con la misma incuria y grosería que los incivilizados de quienes pretende protegerse. ¿Quiénes son y dónde están hoy los bárbaros? El humanista, con todo, se halla preparado psicológicamente para este aislamiento cultural. Como ya sabemos, la exaltación del retiro viene a ser un *topos* de su tradición, desde la época latina. Plotino soñaba con una "Platonópolis", ciudad concebida como asilo o monasterio de filósofos. El imaginario humanístico está poblado de fincas o emplazamientos rurales: los fecundos y eventuales retiros de Cicerón en Túsculo, de Horacio en La Sabina, de San Agustín en Casiciaco, de Petrarca en Vaucluse..., por no hablar de los hombres de letras de la Patrística que pasaron temporadas más o menos largas en el desierto. Otras veces el retiro se procuraba merced a una suerte de espacio privado dentro de la propia mansión familiar: la discreta disposición 'omphálica', uterina, del *studiolo* de Federico de Montefeltro en el Palacio Ducal de Urbino, o la orgullosa torre-biblioteca de Montaigne, a la que nadie salvo el escritor tenía acceso, serían dos modelos distintos de ese mismo designio. Obviamente, este lugar de voluntaria reclusión era, por así decirlo, el síntoma externo de un reflexivo recogimiento interior, pero también expresaba la necesidad de una eventual huida estratégica, no sólo en el espacio sino también en el tiempo. Como diría Baltasar Gracián, el discreto, ante el acoso unánime de la necedad vulgar, codicia a menudo la soledad "y vive al Siglo de Oro interiormente" (*El Discreto*, VII). Siempre ha sido así, y siempre lo será.

Pero la soledad del humanista no es el apartamiento del misántropo. Séneca advertía en su epístola "Del retiro del sabio" que su aislamiento tenía el sentido de "ser útil a muchos". Por más que resulte increíble a los ojos modernos, el viejo humanista de los nuevos tiempos no duda tampoco de su utilidad. En su condición –cada vez más cierta– de catecúmeno, el cultivo del saber humanístico sigue teniendo el carácter de una liturgia, no sólo en la acepción común de acto sagrado, sino también en el sentido que abriga este término en su etimología griega original: *leitourgia* = "servicio". Porque hay un servicio que el viejo humanista, en su soterrado escondite, fuera del mundo, cree prestar a la sociedad. ¿Habrá de achacarse a un alarde de orgullo o a un recurso mental de supervivencia que le venga tal vez a la mente una hermosa creencia judía, surgida entre los místicos de la Cábala? La idea se basa en una vieja tradición de la época talmúdica, según la cual en cada generación existen treinta y seis justos ocultos e ignorados cuyo cometido es justificarnos ante la divinidad. Nadie sabe, ni siquiera ellos mismos, quiénes son en realidad esas tres docenas de pilares secretos que sostienen y avalan el mundo, pero, si no fuera por ellos, Dios lo destruiría. Esos 36 (o 36 millones, una minoría, en cualquier caso, en relación a los miles de millones que habitan el planeta) que cultivan con esfuerzo, no necesariamente la sabiduría humanística, sino cualquier tipo de sabiduría tradicional, resultan, en efecto, necesarios al mundo. Sigue siendo una verdad –y hoy lo es más todavía– aquello que, a mediados del XIX, afirmaba el poeta y crítico inglés Matthew Arnold: que el saber de los clásicos supone el reposo de una certeza en el angustioso deambular de la modernidad, y que "esta virtud de darnos algo en que podamos descansar será cada vez más estimada".

Por ello es preciso poner de relieve las claras y estables certezas del humanismo –del "viejo humanismo"– para el desarrollo cabal del ser humano. Concebir el ropaje humanístico como el más bello y el que más se ajusta a las proporciones y hechuras del ser humano o considerarlo camisa de fuerza o molesta y ridícula indumentaria que pertenece a las modas del pasado queda al arbitrio de cada uno (y dependerá, en buena medida, de disposiciones personales, determinaciones sociales y condicionamientos psicológicos). Pero nadie puede negar en justicia que amplía y ahonda nuestra percepción de la existencia. Si el negro de Manet, el azul de Rafael, el amarillo de Van Gogh, el verde de El Greco, el rojo de Grünewald forman ya parte de los colores del mundo y enriquecen las referencias cromáticas del amante de la pintura, ¿cómo pensar que el lector atento de Horacio, de Séneca, de San Agustín, de Dante, de Shakespeare, de Cervantes, de Dostoievski no conoce más sobre el ser humano, su dolor y su ideal, sus deseos y fracasos, su miseria y su grandeza, y sobre el cambio, en definitiva, que supone la vida? Otra cosa es que ese saber nos haga mejores: no sólo sabedores, sino sabios. Las bellas letras no hacen *de iure* mejores o peores, más sabios o más necios, más felices o más desdichados, a los seres humanos. Pero es un axioma de la tradición humanística, dirigido a los que se declaran seguidores de ella, que, si el hombre y la mujer no se hacen a su sombra mejores, más dichosos y más sabios, el déficit está en el hombre o la mujer, no en la cultura que profesan. En cualquier caso, la formación humanística supone una vacuna contra toda soberbia y colocar los dramas contemporáneos en un horizonte histórico adecuado y la desazón de la trayectoria individual en una dimensión ejemplar y reconocible de trayectorias anteriores. Supone ensanchar el horizonte de conciencia y establecer consoladores vínculos empáticos con otras almas del pasado. Supone, también, lecciones hondas y verdaderas de relativización (pero no mediante el nihilismo degradante) y de cosmopolitismo (pero no mediante la superficialidad del escaparate mediático), sino merced a la ampliación del marco histórico o social que inevitablemente nos constriñe.

La tradición humanística es un mercado común de símbolos e ideas que trascienden –y en realidad abolen– el tiempo y el espacio. Recoge lo mejor que ha pensado y ha escrito el ser humano a lo largo de la Historia. En este sentido, es toda una muestra de plenitud humana. Puede decirse que ha sido un sueño, pero es un sueño tan pleno de realidad –y su despertar alcanza un grado tan alto de pesadilla–, que podría decirse con Segismundo "que no es posible que quepan / en un sueño tantas cosas" (III, Esc. 10). El efecto de ese sueño –que, en realidad, no lo ha sido– deja en el alma del viejo humanista la misma emoción que el recuerdo imborrable de Rosaura en la del personaje calderoniano: "que fue verdad, creo yo, / en que todo se acabó, / y esto sólo no se acaba" (II, Esc. 18). No se acaba, en efecto. Y la misión benéfica de la tradición humanística para el ser humano podría de hecho recordarnos la dimensión salvadora que, en las últimas páginas de *Los hermanos Karamazov*, Dostoievski confiere a ciertos recuerdos a través del discurso que el inefable Aliosha pronuncia junto a la piedra donde van a enterrar al niño Elías. Aliosha advierte que el amor que el pobre y sufriente niño despertó y despierta en los presentes "nos hizo mejores quizás de lo que en realidad somos", pero el recuerdo de ese amor debe ser conservado como un tesoro: "No olvidéis que nada hay más noble, más fuerte, más sano y más útil que un buen recuerdo, [...] y quien puede atesorar esos recuerdos para toda la vida se salva definitivamente". Por muy bajos que caigamos –concluye Aliosha– "el más malo y el más sarcástico, si a esto llegara, no se atreverá a escarnecer, en su fuero interno, estos puros sentimientos que ahora nos animan. Quizá este recuerdo impida nuestras malas acciones".

Por las mismas razones el viejo humanista está persuadido de que la antorcha del buen recuerdo —el que encarna su tradición— merece la pena que sea portada y transmitida.

UN CANON QUE FILTRE Y ELEVE
Gabriel Insausti

¿Cuál es su experiencia personal de los clásicos grecolatinos?

Escasa. No había profesor de griego en mi colegio y nunca lo aprendí. El latín sí, y durante algunos años le dediqué mucho tiempo, pero a los autores típicos del bachillerato y los primeros años de Filología, no muy interesantes desde el punto de vista literario (Salustio, César, Tito Livio, etc.), salvo por lo que respecta a Horacio en la poesía y a Cicerón en la prosa. Debido a un prejuicio tonto (me debato como Perrault y Boileau, y en mi interior hay una constante *querelle des anciens et modernes*), durante años frecuenté en exclusiva los modernos. Después he vuelto ocasionalmente sobre el mundo clásico, en traducción.

¿Qué autores componen su panteón personal de clásicos?

Sófocles, me parece, supone un punto de inflexión en el pensamiento griego, y la estructura del *whodunit* irónico que es *Edipo rey* me fascina, pero el libro que contiene más lecciones aún válidas hoy es para mí la *Odisea*: la historia de un hombre que asume la humanidad, con la mortalidad incluida, y que entiende que ser hombre es ser un nudo de relaciones, que no existe el hombre en abstracto, en una individualidad suspendida en el aire, y por eso vuelve a Ítaca con su Penélope. La lección sobre el deber de hospitalidad en el primer libro, con la aparición de Atenea entre los gorrones pretendientes y el escándalo del anfitrión Telémaco, es impagable. Para mí supone el antídoto perfecto contra otro autor fascinante pero a mi juicio nefasto y muy influyente en la modernidad, en todos los órdenes (la política, la educación, la literatura, la antropología): Rousseau y su idea del hombre en los *Discours*.

Dígame un clásico que no se canse de releer, uno que estime sobrevalorado y otro que no pudo acabar de leer.

Leo y releo más a los redescubridores de los clásicos, en especial Dante, Boccaccio y Petrarca. El arte ingenioso y oblicuo de Boccaccio me encanta, en especial en cuentos como el de Ciapeletto, de tema teológico: es, me parece, uno de los creadores de la ambivalencia y resulta divertidísimo; también las historias más 'porno', más *fabliaux*, aunque no resultan tan ricas semánticamente. Petrarca me fascina y me irrita al mismo tiempo: inventó tantas cosas (incluido el alpinismo, con su excursión en compañía de su hermano a Mont Ventoux, tan alegórica por referencia al hecho de que él solo recibió las órdenes menores), fue quizá el primer humanista y su *Canzionere* sin duda contiene poemas notables, sobre todo entre los sonetos; pero toda esa vida entregada a la persecución de la fama, desde la restauración del rito del poeta laureado con los Borghese hasta sus *De viris illustribus*, sus *Trionfi*, etc., me parece un intento baldío de sustituir la resurrección por la fama, una forma vicaria de inmortalidad. Él mismo confesó el desatino en el *Secretum*, su libro en prosa que más me gusta y que Boccaccio no cesaba de pedirle (pero para algo era 'secretum'). Debo decir, además, que percibo episodios de misoginia en ambos, tanto en el Boccaccio del *Corbaccio* como en el Petrarca de *De vita solitaria*, que no me agradan y me parecen injustos (calificar a la mujer como viciosa y como perdición es confundir el sujeto con el objeto: lo pernicioso es la mirada lasciva del varón); por otra parte, no me resulta verosímil todo ese juego de idolatría hacia la dama y luego aspersión de agua bendita al final (un intento, como en Dante, de resolver el conflicto entre el culto a la *donna angelicata* de Guinizelli, procedente de la ideología amorosa de los provenzales y su *midons*). Convierte a la mujer en un espectro, un pretexto para la escritura, en lugar de un interlocutor. El Lauro, más que Laura..

Si hay un autor al que vuelvo es Dante. Todo en él me atrae, incluidos *De vulgari eloquentia*, *Monarchia* y el *Convivio*, incluida su vida. La *Vita nuova* e *Il fiore* no los leo tanto, pero la *Commedia* sí, y pese a tanta chismografía (solo salvable mediante las notas al pie de una buena edición, para quien como yo no es un consumado medievalista), una de las cosas que más me gustan es la plasticidad, el modo en que dramatiza las cosas: el otro mundo, pero representado por medio de la analogía, que lo hace menos otro; lo que nadie ha visto, vuelto visible.

¿Tiene sentido y utilidad seguir postulando la vigencia de un canon en tiempos de cancelación rampante?

Un canon siempre hace falta, aunque sea para criticarlo, aunque sea para derribarlo. De hecho siempre lo hay, otra cosa es que no comparezca como tal, que solo se manifieste por exclusión tácita o por silenciamiento (versiones bastardas de la censura). Hace falta hoy más que nunca sencillamente porque en nuestra vida todo es finito, pero el mundo de la posibilidad se extiende hacia la infinitud: véase lo que cuesta ponerse tres amigos de acuerdo sobre qué película alquilar un sábado por la tarde. Hace falta un canon para no morir de indigestión o de mal de Stendhal, un canon que suponga jerarquía y autoridad, que filtre y eleve, que nos evite pasar por toda la morralla para dar con la pepita de oro.

¿Puede sobrevivir una cultura que odia su historia y sus referentes comunes?

No. Por eso la extinción de Europa como civilización, mucho me temo, es ya inevitable. Nuestros clásicos –no ya Virgilio o Hesíodo, sino Lorca o Unamuno– empiezan a ser auténticas piedras Rosettas para nuestros hijos.

ARGUMENTOS CONTRA SENTIMIENTOS
Juan Gil

¿Qué percepción tiene un humanista como usted de la evolución de los saberes en el siglo XXI, con el auge de las nuevas tecnologías, las redes sociales y la Inteligencia Artificial?

Las nuevas tecnologías han supuesto hasta ahora una considerable ayuda para el progreso del conocimiento. Hoy podemos consultar libros y manuscritos de varias bibliotecas del mundo sin movernos de casa, algo impensable hace pocos años. Las búsquedas en Internet aclaran en un santiamén multitud de cuestiones, o nos descubren nuevos puntos de interés, por más que, a veces, nos llegue a abrumar la enorme masa de información disponible, que apenas puede abarcar una sola persona. La IA plantea otros problemas, si es verdad, como pronostican lúgubres agoreros, que mucha gente se va a quedar sin trabajo gracias a sus efectos, ya que, según ellos, no habrá necesidad de mano de obra. Pero también la revolución industrial contó con falsos profetas que vaticinaron un apocalipsis. El porvenir es tan incierto como siempre lo ha sido, y cómo se vea el futuro depende del grado de optimismo o de pesimismo de cada uno.

Frente al propósito explícito, por parte de ciertas instancias sociales, de 'cancelar' nuestra tradición cultural, desenterrando

113

autores y obras hasta ahora irrelevantes o directamente insustanciales, ¿qué argumentos se pueden plantear para seguir defendiendo su vigencia universal?

Es cierto que la cultura televisiva que se nos ofrece, unida a la masa de información a la que antes aludía, ahuyenta a más de uno de la lectura, un acto que supone siempre un mayor esfuerzo intelectual. De esta falta de criterio se aprovechan muchos para hacer su agosto, político, social o económico. Si la razón se ve suplantada por los sentimientos, es fácil que surjan dictaduras encubiertas, que engatusan a la gente con propaganda encerrada en cuatro palabras. Este es el campo abonado para promocionar cualquier cosa, incluso la más dañina para la propia sociedad, a la que hay que hacer ver el peligro que todo ello encierra. Pero, como decía antes, resulta muy difícil argumentar contra los sentimientos, estimulados hábilmente por las redes sociales. Nunca antes había existido la figura del 'influencer', una aparición virtual.

¿Cree que las ideologías pueden suponer una amenaza para la prevalencia del auténtico conocimiento? Y, en caso afirmativo, frente a ellas ¿cómo puede este esgrimir su superioridad, tanto intelectual como moral?

Las ideologías, llevadas al fanatismo, es claro que suponen una amenaza para el auténtico conocimiento: el dogma es lo contrario de la razón. Pero, asimismo, todo aquello que parece estar rodeado de un halo de superioridad repele por su propia esencia. Por ello, y por la tiranía que ejercen hoy los sentimientos sobre la sociedad, veo complicado llegar a convencer con razones.

Y, hablando de moralidad, ¿puede poner sobre la mesa el humanismo occidental valores de validez permanente, frente al relativismo rampante que caracteriza nuestra época?

El humanismo puede y debe hacer defensa de sus valores; pero me temo que, para muchos, esa defensa sonará a sermón y, en consecuencia, encontrara oídos sordos.

Por último, en su calidad de académico de la RAE, ¿en qué estado se encuentra la salud de nuestro idioma? ¿Detecta signos de estancamiento en él, sobre todo en su uso literario, o no tenemos motivos serios de alarma?

Me apena que hoy, cuando más libros se publican en España, la gente lea menos, lo cual repercute negativamente en el uso del idioma. En cambio, soy muy optimista sobre el futuro del español, que sigue demostrando que tiene un potencial extraordinario, sobre todo en Iberoamérica.